于本水院士近照

上图 / 1955年出国前夕，于本水（前排右一）和同学们合影

中图 / 于本水（右二）随中国航空教育代表团访问苏联哈尔科夫航空学院

下图 / 于本水（右）等和外国专家合影

上图 / 于本水参观美国航天博物馆

中图 / 于本水（前排中）等会见俄罗斯“火炬”设计局专家

下图 / 于本水（左）和俄罗斯苏霍伊飞机设计局总设计师在英国范堡罗国际航空展

上图 / 1998年，于本水（中）在中国科协年会上

中图 / 于本水（右）和中国科协党组书记邓楠（中）、国防科工委副主任栾恩杰（左）合影

下图 / 于本水在办公室

上图 / 于本水给科研人员讲解舰空导弹技术

下图 / 于本水在中国工程院第十二次院士大会上

上图 / 于本水（左）和他的老同学、中国载人航天工程总设计师王永志院士（右）在2004年元宵节首都名人联欢会上合影

中图 / 于本水（左）和“两弹一星”功勋奖章获得者任新民院士（右）在一起

下图 / 于本水（中）和航天员费俊龙（左）、聂海胜（右）合影

上图 / 2014年，于本水夫妇（站立者左七、左九）和他的同事及学生们合影

下图 / 于本水（左五）等在海南休假（左二为王子才，左三为梁思礼，左四为钟山，左六为张履谦）

上图 / 1961年，于本水夫妇结婚照

中图 / 于本水夫妇加拿大金婚之旅，与儿子、大女儿两家团聚

下图 / 于本水夫妇与小女儿一家在一起

于本水院士传记

Academician Yu Benshui's Biography

《中国航天院士传记丛书》总编委会 组织编写

王雨培 陶社兰 著

中国宇航出版社

·北京·

图书在版编目(CIP)数据

于本水院士传记 / 王雨培，陶社兰著 ；《中国航天院士传记丛书》总编委会组织编写.--北京 ：中国宇航出版社，2015.10(2020.9 重印)
(中国航天院士传记丛书)
ISBN 978-7-5159-0992-9

Ⅰ. ①于… Ⅱ. ①王… ②陶… ③中… Ⅲ. ①于本水－传记 Ⅳ. ①K826.16

中国版本图书馆 CIP 数据核字(2015)第 228239 号

责任编辑　黄　莘
责任校对　王　妍　　**装帧设计**　文道思

出版发行	中国宇航出版社		
社　址	北京市阜成路 8 号　**邮　编**　100830 (010)60286808　(010)68768548	版　次	2015 年 10 月第 1 版 2020 年 9 月第 2 次印刷
网　址	www.caphbook.com	规　格	787×960
经　销	新华书店	开　本	1/16
发行部	(010)60286888　(010)68371900 (010)60286887　(010)60286804(传真)	印　张	20　**彩　插**　8 面
		字　数	282 千字
零售店	读者服务部 (010)68371105	书　号	ISBN 978-7-5159-0992-9
		定　价	68.00 元
承　印	三河市君旺印务有限公司		

本书如有印装质量问题，可与发行部联系调换

《中国航天院士传记丛书》总编委会名单

编审委员会

主　　任　许达哲　高红卫

副 主 任　雷凡培　曹建国

委　　员　李金生　方向明　袁　洁　李　跃　包为民

编撰委员会

总 主 编　许达哲　高红卫

副总主编　李　跃　包为民

委　　员（按姓氏笔画排列）

于世元　马礼谦　王亚文　邓宁丰　朱芝松

朱忠元　任玉琨　孙玉斌　李　明　李　锋

陈学钏　张连成　周晓飞　侯　晓　贾　可

梁小虹　谭永华

总编委会办公室

主　　任　周晓飞　朱忠元　邓宁丰

成　　员（按姓氏笔画排列）

丁雅清　于　宁　于　希　王来成　李卫东

杨利伟　辛大广　张铁钧　范占英　唐　燕

徐　睿　戴品华

《于本水院士传记》
编审委员会名单

编审委员会

主　任　张连成

副主任　李　陟

委　员　吕大波　严　华　严荣祥　张向群　唐应伟
罗　霄　李　芸　金立亮　鲁耀兵　张世溪
韩志平　刘　珂　路海东　曹建中　申屠燕冬
夏　溧

编审委员会办公室

主　任　侯萍梅

副主任　邸　帅　韩　宁

成　员　李　嵗　余国辉　张福祥　李卫民　沙元昌
纪军丽　马丽丽　安　洁　吕慧英　刘方方
幸小雷　王　昕

序 一
Preface I

中国航天事业自1956年创建以来，已经走过50多年的发展历程。在党中央、国务院、中央军委的亲切关怀和英明领导下，中国航天人团结一心、顽强拼搏、勇于创新、无私奉献，不仅取得了以“两弹一星”、载人航天工程和月球探测工程为代表的辉煌成就，孕育形成了航天传统精神、“两弹一星”精神和载人航天精神，也造就了一支技术精湛、作风优良的航天人才队伍。

航天系统的中国科学院院士和中国工程院院士就是这支队伍的杰出代表。中国航天科技集团公司和中国航天科工集团公司先后有50多位科学家和航天工程专家当选为两院院士。其中，有7位院士获得过“两弹一星”功勋奖章，2位院士获得过国家最高科学技术奖。他们不仅是航天成就的主要创造者，也是航天精神的重要孕育者和忠实践行者。

中国航天事业是在新中国成立不久，工业实力、科技实力、综合国力都很薄弱，帝国主义严密封锁，苏联撕毁协定、撤走专家的情况下发展起来的。以航天院士为代表的中国航天人，自力更生，艰苦奋斗，奋发图强，顽强拼搏，在一穷二白的基础上，独立自主地创建起了中国的航天事业。

航天型号研制是复杂的系统工程，涉及很多领域，需要众人参与，必须大力协同、集智攻关才能完成。以航天院士为代表的中国航天人，在航天工程研制实践中，齐心协力，密切配合，实现了一次又一次技术突破，铸造了一项又一项辉煌成就。他们为祖国的航天事业作出了巨大贡献，却淡泊名利，不计得失，将个人利益置之度外。

航天事业属于尖端技术领域，难度大、风险高、技术复杂，在发展历程中碰到过很多难题，经历过各种坎坷，甚至遭受过重大失利。以航天院士为代表的中国航天人，在困难和失败面前不动摇、不退缩，树立百折不挠、锲而不舍、脚踏实地、严谨务实的工作作风，不断攻坚克难、勇攀高峰，取得了一个又一个胜利，树立了一座又一座丰碑。

今天，在由航天大国向航天强国迈进的征程中，航天院士的科学思想、创新意识、坚定信念和爱国情怀是全体航天人宝贵的精神财富。中国航天科技集团公司和中国航天科工集团公司决定出版《中国航天院士传记丛书》，不仅是为了宣传航天院士的科研成就，总结航天院士的成长规律，更是为了传承航天院士的宝贵精神，使之生生不息、薪火相传，为“续航天梦、筑强军梦、圆中国梦”的伟大实践提供精神动力和思想源泉。

许达哲

2014 年 1 月

序 二
Preface Ⅱ

中国航天事业创建半个多世纪以来，培养和塑造了一大批功勋卓著、德高望重的中国科学院院士和中国工程院院士。他们具有坚定的理想信念和强烈的爱国情怀，理论功底深厚，技术水平高超，善于引领科学发展和技术创新，在中国航天事业发展的关键时期发挥了重要作用，为中国航天事业取得辉煌成就、孕育航天精神作出了突出贡献。

为了全面、系统地总结航天院士的成长规律，把航天院士的科学思想和创新方法记录下来、传承下去，为中国航天事业积累精神财富，为航天强国建设提供有益借鉴，中国航天科技集团公司和中国航天科工集团公司研究决定，组织编写一套《中国航天院士传记丛书》（以下简称《丛书》）。

党的十八大描绘了坚持中国特色社会主义道路、全面建成小康社会、实现中华民族伟大复兴的宏伟蓝图，同时也为加强国防和军队现代化建设、推进我国由航天大国向航天强国迈进指明了方向。在中国航天事业“续航天梦、筑强军梦、圆中国梦”的新形势下，出版这套《丛书》，具有重大的现实意义和深远的历史意义。

记载航天历史。航天院士是中国航天事业的宝贵财富，他们的成长历程反映了航天事业的发展轨迹。这套《丛书》不仅是航天院士个人的传记，也从不同侧面记载了中国航天从技术到管理、从思想到精神的真实历史。

弘扬航天文化。宣传航天院士，就是站在科学的高度，向社会各界全面宣传航天事业，弘扬航天文化，使其成为中华民族文化宝库的重要组成部分，增强中华民族的自信心、自豪感和凝聚力，提升国家的软实力。

传承航天精神。航天精神是包括航天院士在内的几代航天人，在中国航天事业发展历程中，不断积累、提炼、传承而逐渐形成的，是民族精神、时代精神与航天实践相结合的产物，是中国航天事业之魂。《丛书》全面反映了航天院士的学术成就、科学作风和思想品格，有助于航天精神薪火相传。

培育航天人才。中国航天事业已经完成了新老交替，一代航天新人正在茁壮成长。《丛书》是泽被后世的人才工程，对于培育航天人才、发展航天事业、铸造新的辉煌将产生积极的促进作用。

总之，《丛书》是一套具有航天特色的爱国主义教材，是不可多得的精神食粮。相信这套《丛书》的出版发行，必将吸引更多的年轻人热爱航天、投身航天、奉献航天，以饱满的热情和昂扬的斗志再攀高峰，使中国航天事业后继有人，蓬勃发展，续写辉煌。

2014 年 1 月

目 录
Contents

第一章

农家之子 尝尽生活苦滋味

黑土地的辽阔，父母深沉的爱，培养了于本水乐观的性格和百折不挠的精神。他小小的年纪，就承担起帮助家庭的责任。

于本水出生于20世纪30年代一个贫苦农民家庭，东北广袤的黑土地，养成了他坚韧不拔、开朗豁达的性格，使他日后在航天领域探索中，总是敢于面对一切艰难困苦，一往无前。

他6岁被雇到房东家放猪，11岁辍学到工厂当学徒。贫寒的家境，艰辛的生活，始终没有磨灭他对知识的渴望。进入小学之后，他勤奋好学，成为同学们的榜样。

酷爱读书，为他打开了知识的大门，开启了观察世界的天窗；坎坷经历，造就了他百折不挠的品格，奠定了他成功人生的基石。

1. 出生于动荡年代

5月的东北，春天的脚步姗姗来迟，沉睡了一冬的冰河开始解冻，树梢头冒出点点新绿。1934年5月1日，吉林省九台县大营城子一户于姓农民家里，一个男孩“呱呱”坠地，如同大自然的春意，给这个贫困家庭带来新的希望。

这户人家的男主人叫于长海，其祖籍远在山东登州府莱阳县。清末、民国时期，大批山东、河北的百姓由于接连不断的自然灾害，吃了上顿没下顿，被迫背井离乡，到东北地区闯荡、垦荒和定居，于家就是从山东“闯关东”到东北的，一开始落户在吉林省永吉县岔路河镇，后搬到九台县（1998 年撤县立市，改为九台市）大营城子村。

九台县位于吉林省中部，西距长春市 49 千米，东离吉林市 76 千米，南与永吉县毗邻，北与德惠市接壤，属松嫩平原东南边缘与长白山余脉过渡的台地。

初为人父的于长海，给长子取名“本水”。“本”，表示这一辈人的辈分，“水”，是根据汉语谐音，“于”（鱼）就应该有“水”。因为家贫，于长海从小没有读过书，不识几个大字，但头脑聪明的他却不乏人生智慧。这一点，从他给儿子取名中就可以看出来。

这一年，于长海 24 岁，仍然是房无一间，地无一垄，夫妻俩靠帮别人种地，没日没夜地劳作，勉强维持生活。因孩子降生而带来的喜悦没有持续多久，他们便开始担忧怎么养活这个小生命。

这一年，无论是世界还是中国，都处在极为动荡的局势中。

1964年，于本水夫妇和父亲于长海（中）在天安门前合影

在欧洲，希特勒就任德国总统，集总统、总理、三军最高统帅的职务于一身，建立了彻头彻尾的法西斯独裁政权。

在中国，“九一八”事变后，日本占领了中国东北大部分领土，国民党政府置严峻的国内形势于不顾，不积极抗日，却发起“新生活运动”，主张以中国封建道德的“礼义廉耻”为基本准则，从改造国民的“食衣住行”等日常生活入手，以“整齐、清洁、简单、朴素、迅速、确实”为具体标准，以使“国民生活军事化、生产化、艺术化”，“改造社会、复兴国家”。

在东北，伪满洲国在日本关东军的导演下，在吉林长春恢复帝制。中国清朝最后一个皇帝溥仪又当上了“康德”皇帝，并宣布将“满洲国”改称为“满洲帝国”。东北抗日联军总指挥部也在这一年成立，杨靖宇率领抗日志士，转战长白山麓、松花江畔，与日本侵略者进行着艰苦卓绝的斗争。

生活在这个动乱年代，于长海一家和全国的百姓一样，处在水深火热之中。

2. 父母的言传身教

20 世纪 30 年代的东北，尽管“漫山遍野的大豆高粱”，但因为被日本占领，粮食、木材、矿产等资源不断地遭到掠夺，民众生活苦不堪言，还要承受着“亡国奴”的屈辱。

于长海是一个纯朴、憨厚的农民，目不识丁，却能背诵《三字经》中的一些段落。每天从田间劳作回来，他总是让年幼的儿子于本水坐在自己的膝盖上，而后背诵着“人之初，性本善。性相近，习相远。苟不教，性乃迁。教之道，贵以专。昔孟母，择邻处。子不学，断机杼……”幼小的于本水被父亲朗朗上口的背诵所吸引，他瞪大眼睛，聚精会神地听着，小嘴一张一合，“咿咿呀呀”地跟着学语。

等于本水稍大一些，于长海就给他讲故事，讲古代的三国群雄，讲身边的抗日联军，那些英勇无敌的男子汉形象，深深吸引着他。讲到紧要处，于长海有时还会故意卖个关子，“且听下回分解”。于是，只要看到父亲有空，于本水就会拽着他的衣襟，缠着他讲故事的下文。随着故事的展开，于本水的心里渐渐埋下了如何成为男子汉大丈夫的种子，幻想着长大后自己也有那一天，能像故事中的英雄似的，横刀立马，为天下受欺压的人打抱不平。

从父亲那里，于本水受到了最早的启蒙教育。

日本侵占东北后，通过伪政权搜刮百姓。日本侵略者凶残又霸道，百姓哪怕说几句反满抗日的话，就会被抓到“矫正局”，灌辣椒水，坐老虎凳，严刑拷打，甚至遭到枪杀。同时，日本人的苛捐杂税特别多，老百姓苦不堪言。村里还有一些给伪政权做事的人，为了个人利益，出卖尊严和良知，帮着敌人欺压百姓。大家对这些人恨之入骨，从心底里鄙视他们。

一次修路，给伪政权做事的“牌长”（相当于甲长）分配工段不公道，于长海表示不满，据理力争。“牌长”仗势欺人，张口就骂，满嘴污言秽语。性情温和、老实本分的于长海忍无可忍，于是两人动起手来。于长海拿铁锹打了“牌长”一下，便遭到“牌长”报复，几年间，他先后被抓了3次劳工：下矿挖煤，砍伐森林，修筑工事，吃尽了苦头。

1945 年，苏军进攻日本关东军，日本侵略者和伪政权垂死挣扎，加紧了对东北民众的剥削和压迫。于长海被抓劳工的那些日子，挨打受骂是家常便饭，而且传染病流行，致使许多人病死。于长海受够了这种人间地狱般的生活，决心逃跑。他把自己的想法悄悄告诉其他被抓的乡亲，没想到大家不谋而合。但是，逃跑需要冒很大风险。大家便利用干活间隙，偷偷地聚在一起商量逃跑的办法。于长海想出一计：每人扛一棵树，各自往不同的方向走，如果碰到日本人问干什么去，就说在找木柴做饭。这个办法得到大家的一致认可，并决定一试。这一招果然灵验，就这样，他们顺利地逃回了村庄。

办事认真，待人豪爽，这让于长海在村里树立了很高威望。东北解放后，于长海被推选为村里的农会主任，后改任党支部书记，且这一干，就是十几年。

和中国的许多家庭一样，于家也是“男主外、女主内”，男人在社会上打拼，赚钱养家，女人在家里操持家务，侍奉老人，抚养子女。于本水的母亲韩玉兰是典型的中国传统女性，没有读过书，天性善良，寡言少语，吃苦耐劳，除有时跟丈夫到田里干些农活，其他时间基本在家忙里忙外。家，就是她的整个世界。她把全部心思放在了家人身上，通过辛勤劳动，把家打理得井井有条，简陋的屋子被

1966年，于本水一家和母亲（前）合影

她收拾得格外整齐、干净，温暖而舒心。

1948 年，东北解放，给了妇女当家作主的机会，妇女顶起了半边天。这年，韩玉兰加入了中国共产党，成为村里第一位共产党员，比于长海入党的时间还早。别看她没有什么文化，却很有主心骨，后来当上村里的妇女队长，带领妇女们从事农业生产，调解邻里纠纷。韩玉兰为人正派，寡言少语，做事勤恳卖力，以身作则，让人口服心服。新中国成立后，她还被评为省级劳模，名字上了当地报纸。

古人云："其身正，不令而行；其身不正，虽令不从。"都说父母是孩子的第一任老师，家庭是孩子的第一所学校。父母的言传身教，培养了于本水正直、善良的品性，对他人生观、世界观的形成，产生了深远的影响。

3. 穷人的孩子早当家

俗话说："穷人的孩子早当家。"这句话放在于本水身上格外贴切。在于本水之后，父母又相继生了两个儿子和三个女儿。由于家境贫寒，于本水 5 岁就开始帮着家里干活，帮父亲打柴，帮母亲种菜，照看弟弟妹妹。

于家没有房子，只能租住在别人的一间茅草屋里。于长海夫妇帮房东种地，获取微薄收入，勉强养活一家人。为了帮助家里分担经济困难，于本水 6 岁便

1957年，于本水（中）和二弟于本湖（右）、三弟于本新（左）合影

被雇给房东放猪。每天天刚亮，望着睡梦中的儿子，母亲实在不忍心喊醒他，但迫于生活的无奈，只能硬起心肠。在母亲的声声呼唤中，于本水爬起身，草草吃一点东西，睡眼惺忪地将十来头猪赶到草甸子上吃草。于本水很聪明，想出了一个办法：几个孩子联合起来放猪，把猪赶到山上后，轮流派一人照看，其他人便可以玩儿了。

除了放猪，于本水还要抱柴禾和烧猪食。烧猪食就是把剩饭、剩菜、野菜等，煮到一起喂猪。早上天刚亮就起床喂猪，喂完猪再去放猪，在野外一呆就是一整天，漫山遍野地转悠，晚上回来还要把第二天的猪食准备好。这些工作，对一个6岁的孩子来说，着实辛苦。

日本占领东北后，把东北当成在中国的一个基地，搜刮东北丰富的资源。他们首先掠夺粮食。东北是粮食盛产区，九台县和南边的永吉县都是吉林省著名的粮食产地。当地百姓要向日伪“出荷”——按规定，每亩地必须交一定量的粮食。

于家每天吃两顿饭，早晨一顿，晚上一顿，中间十几个小时就只能忍着饥饿。于本水给房东家干活，由房东提供饭食，虽然食物不算好，但还能勉强吃饱。

农历九月九，东北天寒地冻。猪放不了了，于本水只好回家。作为工钱，房东给了他一斗玉米。6 岁就靠自己的劳动给家里挣了一斗玉米，于本水为自己能为贫困家庭做一点贡献感到自豪。

由于父亲于长海被抓了劳工，长兄如父，年幼的于本水成了家里的“顶梁柱”，学着担起家庭的责任。在日本人的统治下，东北地区的老百姓吃不上细粮，只有到过春节时，才给每人配发一斤面粉。领面粉的地方距于本水家有 25 里。由于父亲不在家，7 岁这年，母亲便让于本水带上钱，到村西头的才大爷（于长海表哥）处，请他帮忙代领于家的那份面粉。

走到半路，于本水想，也不知让不让代领，干脆自己去领。他不清楚领面粉的那个地方在哪里，于是，就跟着别人走。走进“配给商”大院，看见背面袋的人很多，都是来领面粉的。听到有人喊于长海的名字，他赶紧走上前去交了钱，把面粉领到手。可在回家的路上，他却迷了路。茫然四顾，家的方向在哪里呢？他在马路上看到一块路标，上面写着“和尚窝堡”，这是他家北边的一个地方。此时，他已读了点书，认得几个字了。

正在于本水犹豫、不知该往哪儿走时，一位慈眉善目的老大爷走了过来。他赶紧上前问老大爷，往大营城子怎么走？老大爷一看，认得他，很惊讶地问道：“你不是老于家的小子吗，怎么跑到这里来了？”他告知老大爷，自己是领面粉来了，老大爷赶忙吩咐他跟着自己走。

这里离于家还有好长一段路，要翻过几道山才能到家。山里狼很多，伤人和家畜的事时有发生。于本水大着胆子，跟在老大爷身后，深一脚浅一脚，不知走了多少时辰，直到天黑，家家户户都点上了灯，才回到村里。此时母亲正在家急得团团转呢，忽听到冻脚踏雪的声音，赶紧开门，啊，是儿子回来了！她喜出望外，一把将儿子搂到怀里，称赞道："真不容易，25 里路，来回 50 里啊，这么点小孩儿，就把面粉给背回来了。"

于本水把头靠在母亲胸前，感到特别温暖。其实，他早已累得筋疲力竭，两条腿已迈不开步子了。

4. 小学成绩名列前茅

冬去春来，于本水 7 周岁了。父亲早已打定主意，自己吃够了没文化的苦头，不能再让下一辈人也受同样的罪，无论如何要送儿子上学，念了书至少可以给人家干活记工，也算得上是一门糊口的技艺。

大营城子是周围十里八乡最大、也是最发达的一个村子，村里有一所小学，附近几个村的孩子都到这里来上学。也许是天性使然，4 岁时，于本水就对学校里传出的朗朗读书声感到特别亲切。每天他都会跑到校门口，眼巴巴地看着其他孩子走进学校，期待着有那么一天，自己也能像他们那样，坐在教室里读书。

这一天在期盼中终于来临。在父亲的支持下，于本水实现了上学的愿望。没有钱买书包，母亲照葫芦画瓢，用纸给他糊了一个书包。就这样，他每天背着这个纸书包，蹦蹦跳跳地走在上学的路上，心中充满欢喜。

这所小学是 1928 年用村里一户姓王的富裕人家的门房建立起来的。王家与省教育厅厅长相识，办教育有一定的便利条件。村里有两位师范毕业生，在吉林市念过书。早年间，吉林省的省会在吉林市。能在省城念书，可称得上是村子里了不起的大事。于是，有王家提供的门房做校舍，又有村子里的这两个"大知识分子"提供帮助，学校就像模像样地办起来了。

学堂成了儿时于本水最向往的地方。他很珍惜上学的机会，老师发下书来，他便用一块旧布包上。写字要用蘸水钢笔，这种蘸水钢笔的笔尖后面有一枝笔杆，因为家里穷，买不起钢笔，他就想了一个办法，捡人家扔掉的钢笔尖，自己再弄一个秫秸棍做钢笔杆。买不起钢笔水怎么办？他也有办法。村子里有个货郎卖染料，他就买来染料自己用水沏。

就是在这样艰苦的条件下，于本水开始了最初的学习生涯。他人聪明又很好学，回到家里，帮父母做完家务后，便开始认真复习老师在课堂上讲过的内容。一年级期末，他的学习成绩名列前茅，老师打心眼儿里喜欢他。

这所小学有4个年级，同时上课，每个年级十几个学生。老师很会“弹钢琴”：安排一年级的学生写描绿（现在叫描红），二年级的学生做算术，三年级的学生写作文，给四年级的学生讲语文，带着他们高声朗读课文。就这样，对4个年级反复循环地进行教学。

一次，老师给三年级的学生上算术课，问谁学会了，没有一人作声。二年级的于本水便自告奋勇说：“老师，我来试试。”只见他从容地走到黑板前，很快就将答案写出来了。三年级的学生们发出一片赞叹声。

后来，随着学生人数的增多，学校的师资力量得到加强，又聘请了一位代课老师，年级也由4个增加到了5个。在这所简陋的小学，于本水接受了启蒙教育，学会认字、算术，并获得了不少古今中外的知识。当老师在课堂上讲哥伦布发现美洲新大陆时，于本水的心从小小课堂飞向了遥远的神秘世界。他知道，在他居住的村子外，还有一个大大的世界，大到他无法想象。一有时间，他就去看挂在黑板旁边的世界地图，憧憬着长大后到那些地方去看一看。

于本水自幼最大的乐趣就是读书。凡能找到的书籍，不管什么内容，他都读。从书本上，他不仅获取了知识，还懂得了不少世间道理，产生了革命思想的萌芽。一次，他在舅舅家找到一本小册子，里面叙述了一个从日本留学回来的留学生，为了唤醒同胞，自己投海而死的故事。这种用知识分子的自我牺牲，去换取民族觉醒的意识，极大地震动了他的心灵。

还有一本《国事痛》，也给于本水幼小的心灵带来了深深的震撼。这本书讲述了帝国主义列强瓜分中国，企图把中国变为他们的殖民地，呼唤同胞们快快觉醒，团结起来共同救国。

“九一八”事变后，在《国际公园》一书里汇集了许多充满激情的诗歌，以董济川的长诗《醒同胞》为代表：“同胞同胞齐速醒，大难临头当自警。沉沉大梦梦已长，梦长不醒国将亡。救国不用喊口号，只在人人图自强。图自强，道何在？痛改前非把国爱……愿同胞，勿自馁，南北内争祸已悔。谁知黄帝之子孙，何分反动与共匪……”在长诗中，作者用明白晓畅的语言，让国民认清当前的形势，呼吁各党派和文武官员消除内战，承担起救国的责任，誓死保卫家园，同时号召普通百姓从睡梦中醒来，团结一致，共同御敌。

但农村里连饭都吃不饱，哪有那么多书呢？没书读时，于本水坐立不安，吃饭也不香。有一次，他在家里转悠，突然发现糊墙纸上有字。东北老百姓的住房是土墙，屋里的墙面都用报纸糊上。这让他喜出望外。于是，他趴在墙上，借着窗口透进来的微弱光线，仔细地读着一张张残破的“糊墙纸”。从这里，他汲取了许多知识。

于家前院住着一个姓林的匠人，排行老九，人称“林九木匠”。东院邻居是个姓贾的鞋匠。这两人都念过私塾，识得不少字，所以收藏了一些书。读书人之间有共同的话题。他们看于本水喜欢看书，便愿意将书借给他，《精忠说岳》《三国演义》《封神榜》《响马传》等，都是从他们那儿借来的。虽然于本水还不能完全理解书中的历史背景，但找书和读书，给他苦难的童年，带来了不少知识和乐趣。

5. 两位启蒙老师

常言道，“一日为师，终身为父”。于本水对求学期间各个阶段教过自己的老师都充满敬意。师恩难忘，整个小学阶段，有两位老师让于本水一直深深地记在心里。一位是何国才先生，另一位是陈文学先生。他们把于本水引进了知识殿堂的大门，从天、地、人开始学习汉字，从加、减、乘、除开始学习数学。

何老师出生于九台县的一个大家族，这个家族中当老师的人特别多。大营城子小学是何老师进入教育系统工作的第一所学校。后来他又考上了师范，到吉林的一所高中当老师。于本水升入中学后，再次遇到了何老师，此后俩人一直保持着联系。

为了调动学生的学习热情，老师们想了很多办法。有的老师采用哪个同学能把语文书从头背到尾，就奖励他一支铅笔的办法。这种激励机制，对于本水很有效，他因此下了很大功夫。他将二年级的课文，从第 1 课到第 20 课，背得滚瓜烂熟，因此获得不少铅笔。

而陈老师则经常在课堂上给学生们讲抗日思想。陈老师去过沈阳很多地方，眼界开阔，很有见识。给于本水印象最深的，是陈老师讲马占山将军抗战的故事。

“九一八”事变爆发后，辽、吉沦陷，日军开始夺取黑龙江。在“隆隆”的炮声中，马占山临危受命，出任黑龙江省代理主席、军事总指挥。他就职后，不顾蒋介石的不抵抗命令，不理日军的恫吓，毅然肩负起抗日的重任。1931 年 11 月 4 日，在黑龙江省泰来县江桥镇境内的嫩江桥，马占山打响了中国东北抗日的第一枪。英勇的黑龙江守军面对几倍于己的敌人，毙伤日伪军 6000 多人。江桥抗击日军的消息在全国传开以后，国内外爱国人士和全国各地学生纷纷通电、汇款，支持马占山。教育家陶行知写了一首诗，盛赞马占山。上海有家烟草公司还专门生产了“马占山将军牌”香烟，并在报纸上刊登广告“愿人人都学马将军”。

听陈老师讲了很多抗日救国的故事，于本水热血沸腾。他对马占山所说的这段话，感触特深：“我是一省长官，守土有责，决不能将黑龙江寸土尺地让于敌人。我的力量固然不够，但日寇来欺负我，我已决定与日本拼命，保护我领土，保护我人民。”

陈老师还教学生们唱岳飞的《满江红》，给学生们讲岳飞精忠报国的故事。从陈老师那里，于本水还听到意大利投降、诺曼底登陆等一些来自异国他乡的故事。这些经历，开阔了他的眼界，打开了他看世界的大门。

由于学习成绩突出，于本水从三年级跳到了五年级。

6.11岁做童工

1945年日本投降，于家贫穷的生活依然没有改变。于本水是老大，还有两个弟弟，需要他分担家庭的责任。父亲希望于本水学个手艺，于是，上五年级的他便辍学到一家小工厂去做童工。

当地有三个小工厂，第一个是做窗户纸的，用麻、破布等做原料；第二个是做瓦盆的，用泥烧的黑色的盆，用来盛饭、装菜、洗衣服；第三个是做筛面的箩。于本水当学徒，就在这样的小厂，用马尾巴织箩。

马尾巴在当地被称为“马尾”，而马尾巴上的每一根毛也被称为“马尾”，老百姓有时会剪下一些马尾，换点钱用。于本水常常见到一些小贩走街串巷，吆喝着“猪鬃马尾猫狗皮，拿来换钱喽……”觉得十分好玩，但真要用马尾来编织箩筐，才知道原来这并不是件轻松的事。

马尾沾上水便很顺服。用马尾织箩，其原理和织布差不多，但它是手工操作，要脚蹬控制经线运动，然后将马尾绑到竹制的梭子上来回穿，这是纬线。这个工作需要眼神特别精确，一次只抓一根马尾。之所以收孩子当学徒，就是看中他们的好眼力，心灵手巧，动作迅速。

工厂老板是山东人，闯关东发了财，变成了当地的有钱人，拥有30垧（吉林省当地一垧为10亩，30垧即300亩）地，雇了20多个工人。当学徒是一件苦差事。旧社会的小工厂有严格的行会规矩。刚进去的新人，地位最低，除了要伺候老板，大师兄还会欺负小师弟，连吃饭都得帮他盛。即使学徒的技术很好，不到 3 年时间，也不能当正式工人。

工厂离于家有 8 里路。头半年，于本水基本上是干零活，抱柴禾、喂猪，甚至放猪，连过年都不能回家。半年后，工厂老板才让他学技术。所谓技术，就是把马尾系到线上，这需要眼疾手快，手腕要软。要做到熟能生巧，必须天天练，每天要系 5000 个头，宽窄一致，一干就是十几个小时。天黑没有电灯，每个机器旁边挂一盏豆油灯。豆油灯烧出来的烟特别黑，把大家的脸熏得黑乎乎的。

在当学徒的日子里，于本水和所有工人一样，受尽了老板的剥削。夏天时，老板让工人到农田里干活。到种地季节，就让工人种地；到除草季节，就让工人除草；到收割季节，就让工人收割。亦工亦农，工农结合。

作为学徒工，于本水没有工钱。他的收获，是开阔了眼界。工厂的位置，正好紧邻吉、长公路旁。吉、长公路有两条，一条是从南边永吉县万昌、岔路河过去，还有一条是从九台过去，即吉、长北路，从长春经波泥河往东，再经永吉县太平乡到吉林。公路上来往人多，为文化交流创造了一个良好的平台。

工厂里的人来自四面八方，带来了各地信息。听别人讲各个地方的事，接触到各地文化，让于本水长了很多见识。有人唱京剧《四郎探母》：“杨延辉坐宫院，自思自叹。”从山东老区来的，讲八路军如何抗战，唱八路军的歌。还有骂汪精卫的歌：

汪氏精卫，
不是中国人。
未安好心，
成立治安军。

公鬼子是你爹，

母鬼子是你妈。

打倒鬼子，

消灭汉奸，

看你哪里爬？

这些歌曲虽然很土很直白，却反映了老百姓的心声。

闲暇之余，看书成了于本水唯一的爱好。晚上只要不干活，他就手捧一本书，聚精会神地读着，完全忘记了白天劳作的疲劳。老板有一些书，如《红楼梦》《水浒传》，也是他在这期间看的。

于本水在这家工厂当了近 3 年学徒，直到 1947 年 9 月，人民解放军解放九台，他的学徒生涯才结束。

于本水

于本水院士传记

Academician Yu Benshui's Biography

第二章

中学阶段 如饥似渴学知识

解放区的天是明朗的天。少年于本水对新生活充满了热望，他积极投身其中，像一滴水，融进建设新中国的海洋中。

1947年9月，九台地区彻底解放，迎来了人民当家作主的新时代。因为读过书有文化，十几岁的于本水积极参加村里的土改工作队，在各种社会活动中锻炼自己。

学生时代的各种活动和工作队的经历，对于本水的组织能力、协作能力和思考能力，都是极大的锻炼，使他懂得怎样做群众工作，如何与他人相处；知道不能只考虑个人，要为大家着想。这些个人素质，是很难从书本上学到的。

解放后，贫苦农民都分到了土地，于本水的家境也逐渐好起来。他是村里第一个念高中、第一个上大学，也是第一个出国留学的人，在全县轰动一时。

于本水在高中阶段，光荣地加入了中国共产党。

1. 土改工作队的小队员

1945年8月15日，一个振奋人心的消息传到于本水的耳朵里：日本宣布投降。这是中华民族近代史上值得扬眉吐气的一天，也是世界反法西斯战争取得最后胜利的日子。被日本军国主义铁蹄蹂躏了14年的东北大地，重新回到了中国人民的手里。老百姓载歌载舞，欢天喜地。

抗日战争胜利后，日本侵略者被赶出了中国，中国人民同国民党反动派的矛盾又上升为社会的主要矛盾。国民党统治集团企图夺取人民已经取得的胜利果实，悍然发动内战。中国共产党坚决反对内战，争取通过和平的道路，建设一个新中国。

1946 年，内战全面爆发。在东北的初期作战，国共双方为争夺黑土地进行了数次战役。从 1946 年 6 月至 1947 年 5 月，东北民主联军有效地进行了“三下江南、四保临江”作战，粉碎了国民党的先南后北计划，扭转了东北战局。三下江南主要发生在九台附近的松花江南岸。

1947 年 9 月，九台地区完全解放。局势虽然已稳定下来，但吉林和长春两个大城市还由国民党军队盘踞着，人心惶惶，于本水做学徒的工厂关门，他只好背着行李回家。

时隔 3 年，于本水回到大营城子村，村里发生的变化让他惊奇。土改工作队已经开始进村。与身穿黄棉袄的解放军相区别，他们身穿灰棉袄，组织农民会、妇女会、儿童团和基干队（相当于后来的民兵）搞土地改革。由于这时正式的政权尚未建立，老百姓便把“农民会、妇女会、儿童团、基干队”称作村里的“四大硬”，大事小情，都由他们说了算。

因为于本水识字，又在外地呆过，算是有点见识，所以组织儿童团时，工作队队长就指定他当儿童团团长。儿童团主要负责站岗放哨，查路条。陌生人路过时，有农民会开具的字条，才能放行。儿童团还要参加一些农民会的斗争，分地主老财的东西，把他们家里的衣服、被子之类的东西，分给穷苦人家。于本水爱看书，每每搜到一本书，他总是如获至宝，回到家里就迫不及待地看起来。这些书让他保持了对读书的热爱，也使他从未间断过学习。

很快，于本水又参加了土改工作队的工作。因为土改工作队面对的工作对象是农民，队员们原本就是江北一些县的农会干部。虽然没有什么文化，但是用农民的语言说话，直白、易懂，跟农民没有心理距离，动员起农民来就很容易了。队长和副队长的名字非常具有乡土气息，一个叫李木匠，另一个叫王半拉子。这样的称呼，令农民们感觉很亲切，一下子就拉近了彼此间的距离。

看到于本水识字，成熟懂事，土改工作队就动员他参加工作队，做一些组织生产工作，比如组织互助组、动员群众等。14 岁的于本水很愿意干这份工作，加上父亲是当地的农民会主任，对此十分支持，鼓励他多参加社会活动，于是他顺理成章地参加了工作队，跟着队员走村入户。

工作队按村分成若干组，于本水所在小组由 5 位成员组成，他是唯一识字的，虽然只上了 3 年半小学，但也算是知识分子了。工作队的任务之一，是给村民划分阶级成分。依据中共中央东北局的标准，通过一种计算方法计算出剥削率，然后根据剥削率，确定村民们的阶级成分。

别人没有读过书，算剥削率这样的“技术活”自然落到了于本水的头上。这让他觉得很有成就感。一段时间里，他成了“名人”，人们都说：“这个小于不得了，他算谁是地主谁就是。”他曾经给三道岭子和下洼子这两个相距不到 10 里的村里人划分成分，最后由组长拍板确定。

工作队还有一项工作是动员参军，保卫胜利果实。东北民主联军在林彪、罗荣桓的率领下，积极推行土改，团结群众。他们到了百姓家，亲热地称呼“老大爷”“老大娘”“大哥”“大嫂”，还给老百姓家挑水、打扫院子。尽管都是一些小事，但效果很好，很快就取得了老百姓的信任。而国民党的军队呆了不到半年，欺压百姓，影响恶劣，让国民党的威信扫地。

1947年到1948年间，国民党军队经常对当地百姓进行袭扰，将牛羊牲畜抢掳一空，还打死了人，老百姓气愤不已，称他们为“刮民党”(谐音“国民党”)、“遭殃军”(谐音“中央军”)。有一次，工作组送走了10个新兵，这让于本水也动了参军的念头。但他年龄太小，个子也不高，因此没能参成军。

参加工作队的活动让于本水长了很多见识。一次，一个工作队长来传达毛泽东主席的指示，内容是《目前的形势和我们的任务》一文。在这次学习过程中，他得到了一本《中国共产党党章》，这是他第一次知道中国共产党是无产阶级的先锋队。虽然对这些思想并不是很理解，但他的心中已对这个伟大的政党有了最初的认识。

工作队的生活很新鲜，有乐趣，但也充满了危险。工作队给于本水配发了一支三八马枪，是骑兵用的枪，很短，便于随身携带。当地有一支地主武装，冬天的时候，一到晚上就来骚扰百姓，打击农民会和工作队。附近村子的工作队被他们破坏了，于本水这支工作队只好半夜十一二点钟才回村里住下。

一次，工作队住的地方被解放军野战部队占用了，为此双方发生了冲突。一位部队领导问明情况后，了解到是九台土改队第七分队，提醒说：“你们赶快走吧，国民党离这儿只有12里了。”工作队的同志连声感谢，并连夜赶路离开。走到高处时，看见国民党部队从吉林方向过来，正在往长春推进，满山遍野的信号弹将天空照得特别亮。这就是驻守吉林的国民党第60军。

20世纪60年代初，北京电影制片厂拍摄了一部电影《暴风骤雨》，是根据作家周立波的同名小说改编的，原著于1948年完成，由著名导演谢铁骊执导。这部电影真实地讲述了解放战争时期一支农村土改工作队到东北某解放区进行土改的故事。电影里有一个人物叫“赵光腚”，形容当时老百姓生活困苦，连裤子都穿不上。

于本水参加土改的经历，跟这部电影的情节非常相似。而于本水的这段经历，为他参加初中入学考试带来了不小的益处。

2. 考上九台中学

1948年八九月，九台中学贴出招生广告。于本水看到广告后，立即去找工作队队长，提出报考中学的申请。他本来就酷爱学习，既然不能参军，不如去念书。工作队队长支持他继续求学，并开出介绍信，让他去考试。

1949年，于本水（中）和初中同学合影

考试科目中，于本水的优势是政治。考题大多是有关土改的，他亲身经历过，轻而易举就答出来了。语文更是他的强项，因为他从未中断过看书，打下了坚实的文字功底。唯有数学是弱项，在小学时，于本水只学过算盘，会背九九乘法表，也学过分数，但没学过繁分数。考试时，有一道题是“一又二分之一加上二又三分之一”，他一头雾水，根本不知道怎么计算。考完数学，于本水心里没了底，有点沮丧，觉得自己当了 3 年学徒，竞争不过家境好、一直上学的孩子。果然不出所料，考试成绩出来后，他的数学只有 50 多分。

发榜那天，惴惴不安的于本水来到学校，仔细地看着墙上贴出来的录取名单。突然，他眼前一亮，从那一行行名单中看到了自己的名字，喜出望外。因为政治和语文的分数较高，他是以总分成绩被录取的。满心欢喜的于本水，又感到像做梦一样不真实。正当他站在榜单前发愣时，来了一个招考的工作人员，抹掉了于本水名字旁边那位同学的名字。他一愣神，在心里嘀咕：是不是弄错了，抹去的本该是我的名字？

父母得知儿子考上了中学，非常高兴。这相当于中秀才啦。随后，附近村里的村民也都知道了这个消息，对于本水很钦佩。

2001年，于本水在初中母校九台市第一中学门前留影

九台中学实行军事化管理，学生们过的是战时生活。每天早上，大家要早起跑步；吃饭时，要围成圈唱歌，唱“松花江边军号响连天，加紧整训齐动员”；上课时，老师走进教室，学生们必须站起来鼓掌。

学校的住宿条件很差，没有床，直接在水泥地上铺草垫子，学生们就睡在草垫子上。第二天醒来，掀起草垫子，水泥地上有一个人印，这是地上湿气太重所致。很多学生因为潮湿，身上长了疥。疥是一种皮肤传染病，其传染性极强，常常导致集体成员同时感染。但于本水身体很强壮，在大通铺的恶劣条件下，既没有长疥，也没有被传染。学生们吃的都是高粱米饭，没有细粮。过了一段时间，这种状况得到一定程度的改善，一个星期可以吃上一次细粮了。

生活虽然艰苦，于本水并不以为然。他实现了上学的愿望，这就是最大的满足。班上同学的家境各不相同。有地主、富农出身的，有工人出身的，像他这样贫苦农民出身的孩子很少。

1948 年 10 月 14 日，东北人民解放军对锦州发起总攻，长春的国民党守军预感到末日来临。在此关键时刻，国民党 60 军军长曾泽生当机立断，决定弃暗投明，反蒋起义。16 日夜，他派正式代表带着长春突围计划及蒋介石的手令，

2013年，于本水（左）和初中老师王松心（右）在一起

与解放军第一兵团政治部主任唐天际商定具体起义计划。17日上午，中共中央东北局电示，派围城解放军代表、东北军区前方办事处处长刘浩进长春，与曾泽生商定防务交接计划。17日夜，解放军围城部队接管了长春东半部，60军同时撤出城外，开往九台休整。于是，九台中学就承担起对国民党起义部队的接待工作，提供住房、食品等必需的生活保障，由学生负责派发。

由于起义部队的成员比较复杂，经常因为对起义的意见不一致，发生内部冲突。虽然部队起义了，士兵还都是荷枪实弹，一旦冲突激烈，动起武器来，后果不堪设想。因此，共产党派工作人员进入起义部队，对他们进行思想改造，组织他们成立士兵委员会，揭发军官的错误言行和各种罪恶事件，逐步把部队改造过来。

与此同时，于本水和同学们还积极参加对难民的救助。许多涌入九台的长春难民，因为营养不良，身体异常消瘦。一开始，给难民发干粮，结果发现，他们饥不择食，猛吃一顿后，出现身体不适，有些人竟然死了。于本水之后才知道，由于长期饥饿，难民的肠胃都萎缩了，一下子经不起这么大量干食的压迫，因而造成死亡。大家想了一些办法，改为给难民发粥喝，这种情况就明显减少了。

1948年10月18日9时，解放军受降部队开入长春市区，长春解放。1964年上映的一部电影《兵临城下》，再现了这段历史。

从全国形势看，解放战争也开始进入战略决战阶段。济南战役揭开了战略决战的序幕，尔后从1948年9月到1949年1月，解放军连续组织了辽沈、淮海、平津三大战役，歼灭了国民党军在东北、华北和华东战场上的主力，解放了东北、华北和长江以北广大地区，国民党政权已成风中之烛，摇摇欲坠。

在这种一边倒的形势下，接二连三地传来好消息，经常是正在上课，就听到哪里又解放了。济南解放时，于本水和同学们欢呼雀跃，放下课本，激情万丈地上街去做宣传庆祝。紧接着，锦州解放，长春解放，沈阳解放。很快，东北全境解放，到处喜气洋洋，人民过上了翻身做主的日子。

3. 接受正规化教育

1949 年，中共中央召开七届二中全会，毛主席提出要全面转入经济建设，并说："随着经济建设的高潮的到来，不可避免地将要出现一个文化建设的高潮。"《中国青年报》也在"五四"社论中提出，要"加强学习掌握技术"，号召年轻人努力掌握建设国家的本领。于是，学校进入正规化管理，开始培养建设型人才。

九台中学也采取了一些措施，鼓励学生们努力学习，尽快掌握国家建设所需要的技能。从这一年开始，学校为家境困难且学习成绩优异的学生发放助学金。九台中学全校只有两人获得一等助学金，于本水是其中之一。

刚入学时，初次进县城的于本水孤陋寡闻，看什么都新奇。城里的同学看他穿得破衣烂衫，一副乡巴佬的样子，都有些瞧不起他，不爱跟他打交道。于本水对这些视而不见，不在乎别人背后怎么议论他。他心里有数，知道自己的长处在哪里，那就是学习。结果，只花了半年时间，他的考试成绩名列全班第一，令同学们刮目相看。由于成绩优异，大家一致推选于本水担任学习委员。

九台中学的师资力量很强，这些优秀教师保证了学校高质量的教育水平。有一位副校长名叫张化，在日本广岛高级师范留过学，专修教育和语言。第二次世界大战期间，美国向广岛、长崎投了两颗原子弹，他躲在地下室里，才逃过一劫。张化的英语水平很高，当时有一种英文刊物，名为《争取人民民主，争取持久和平》，是由九国共产党情报局联合出版的，他能熟练阅读。张校长给了青年于本水很多启迪，这段学习经历，使他受益匪浅。

1949 年 4 月，于本水加入了中国新民主主义青年团（共青团前身），是学校里第一批加入团组织的学生。入团有预备期，短的 3 个月，长的 6 个月。由于他的家庭出身好，3 个月预备期过后，被批准转为正式团员。转正后不久，他又当选为团支部书记。

暑假的时候，团干部被送到吉林市学习。大家带着行李，一路上说说笑笑，1 个小时后，到达了目的地。

这是于本水第一次进省城。

学习的地点在北山下面的吉林市一中。北山是吉林的风景名胜，道教圣地。有歌唱到："吉林风景属北山，夏季多游人。"山上有个"松风堂"，于本水他们就在这里听课。山下，松花江横穿吉林而过，江上建了九座桥。让于本水感到高兴的是，在这里学习，不但学到了知识，开阔了眼界，闲暇之余，还可以欣赏美丽的风景，到江里游泳。

学习的内容是《论人民民主专政》，这篇文章是毛主席为建国准备的，是一个纲领性的文件。聆听了吉林省团委书记高景芝给大家做的讲解，于本水的思想觉悟有了很大提高。之后进行分组讨论，谈各人的学习体会，还要举行大会发言。有一次，于本水被推选到大会上发言，他的题目是《世界大同》。毛主席在《论人民民主专政》中提到，要从新民主主义发展到社会主义，最终发展到共产主义，形成世界大同。15 岁的于本水，凭着自己的感悟，想象自己到了50岁的时候，就能看到世界大同了。这个充满革命浪漫主义情怀的发言，激起了台下阵阵掌声。

团组织举办的各种活动，于本水都积极参加。九台召开人民代表会议，要选两个学生代表。通过投票，于本水当选为其中之一。进行参会登记时，发现他才16岁，不满足与会者18岁的年龄要求。县政府秘书长张恕一曾当过九台中学教导主任，知道于本水这个学生，便说了一句话："学生就应该破例，哪有老头学生？"但是规章制度就是这样的，不能更改。会议组织者想了一个变通的办法，让他列席参加。

县里开劳模大会，于本水也去帮忙，当记者，写报道。九台出产一种名叫"金满仓"的大豆，品种好，产量高，曾经出口苏联，很有名。他洋洋洒洒，为这种大豆写了很长的一篇报道，心里颇为得意。

新中国成立后的第二天，中国即与苏联建立了外交关系，采取"一边倒"的政策。在"全面学习苏联"的大背景下，九台中学开始有了苏联教材，课程也正规化了。有一次，学校举行家长会，向家长报告学生在校的学习和生活情况。同时，学生也要向家长表演一些自己编排的节目。由于学校已经开设了俄语课程，于本水和同学们商量，想表演一段俄语演讲。

于本水的俄语学得好，被同学们推选上台表演。稿子是俄语老师起草的，内容比较简单，主要介绍学校的相关内容：学校名称，有几个班级，每个班级有多少名学生，学习什么功课等。这对他来说，实在是件很轻松的事情。家长会上，他流利的演讲，赢得了大家的掌声和好评。

1950年，朝鲜战争爆发。在全国范围内掀起的抗美援朝热潮中，东北作为支援抗美援朝的前沿地带，更是热火朝天。人们纷纷报名参军，要求走上一线，用实际行动，为保卫国家出一分力。大部分同学参军参干了，以长春、沈阳的居多。有些参军的同学上了朝鲜前线，有些到地方政府工作。

一腔热血的于本水不甘人后，多次向学校提出参军申请，但都被拒绝了。老师知道他学习好，说：“留棵看山树吧。掌握了文化知识，也一样为国家建设出力。”于是，他被留下来继续学习。学校团组织里，只剩下他一个团总支委员没有参军或者到地方政府工作。

初中三年的学习，使于本水的知识结构更为牢固和丰富。代数、几何、物理、化学等科目的学习，为他展现了科学的新天地，使他对科学产生了浓厚的兴趣。以前，他只知道牛顿因为掉到头上的苹果产生的灵感发现了万有引力定律，瓦特根据水蒸气的原理发明了蒸汽机这些趣味故事，现在更加深入地了解了牛顿定律、欧姆定律、阿基米德定律，知道什么叫一元二次方程，什么是勾股定理。

初中毕业后，由于在校学生总数很少，学生们全部升入高中。于本水升入了吉林省长春高中，后来这所学校随着长春市变为直辖市（1953 年 9 月设为直辖市）而更名为长春市第一高中（即现在的长春市实验中学）。

于本水读高中时，学校校长叫李雷，参加过延安文艺座谈会。语文课本里有一篇文章《老虎妈子下山来了》就是他写的。他同时是教育厅的副厅长。当

1954 年，长春市第一高中团委会委员合影（中排右一为于本水）

时的高中是副厅级编制，校长配有一辆马车。李校长去教育厅开会，来回用马车接送，特别气派。李雷卸任之后，靳云汉继任校长。他后来担任吉林省委宣传部部长。第三任校长刘育新是从日本留学回来的，解放战争时期参加了革命，专门从事教育工作，将学校办得有声有色。他后来还担任过长春市教育局局长。

老师当中，一部分有留日经历，一部分是老教师，还有一部分是从南方来支援东北建设的大学生。于本水的班主任叫孙大寿，是数学老师，教学水平很高。孙老师曾留学日本，在学生回家的请假条上，他会把“回家”写成日文汉字“返省”。

在高中阶段，于本水是全面发展的好学生，在班上和学校都很有威信。他年龄不大，但少年老成，经历多，懂事，凡事设身处地为他人着想，和老师、同学相处融洽。由于成绩好，他还当上了学校团委学习部部长。

和其他同学一样，在高中的三年中，于本水全心全意地投入学习，目标只有一个，就是考大学。此时，中国学习苏联的教学制度，实行5分制。他是全5分的学生。从语文到数理化，再到地理、历史，门门功课都掌握得很好，他还因此获得学校给全5分学生的奖励：一本名为《大学生》的书。

2001年，于本水在高中母校长春市实验中学门前留影

畢業證書

學生于本水係吉林省九台縣(市)人現年廿歲在本校修業期滿成績及格准予畢業此證

校長 劉育

一九五四年 月十日

于本水高中毕业证书

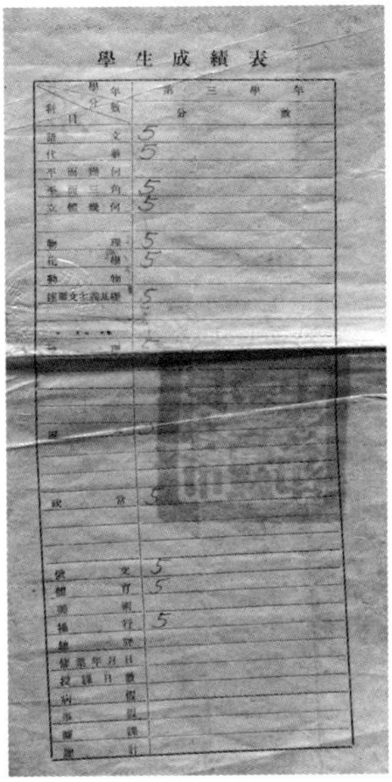
學生成績表

于本水高中毕业成绩单

虽然于本水立志要学理工，但文科也学得很好，尤其擅长写作，文笔很优美，他的作文常被拿到其他班级当作范文。长春市办了一个《中学生习作园地》，鼓励中学生发表文章。在老师的推荐下，他的两篇习作都被选取发表。

4. 空军英雄引发航空兴趣

新中国成立后，全国掀起了社会主义建设热潮。在这种轰轰烈烈的氛围中，尽管于本水的文、理成绩都很好，但他觉得，国家建设需要人才，于是有意识地向理工方向发展。他对航空专业的兴趣，也在这时开始萌芽。说起来，还与抗美援朝战争密切相关。

1950年6月25日，朝鲜战争爆发。9月5日，美国打着“联合国军”的旗号，武装干涉朝鲜内政。10月8日，朝鲜政府请求中国出兵援助。根据这个请求，中国作出“抗美援朝、保家卫国”的决策，迅速组成中国人民志愿军，跨过鸭绿江，赴朝参战。

抗美援朝战争持续了3年，1953年7月27日，中朝双方与“联合国军”在板门店签订了《朝鲜停战协定》。在抗美援朝战争中，志愿军空军的表现值得大书一笔。“联合国军”用在朝鲜战场上的各种作战飞机约1200架（其中美军飞机1100架）；美军飞行员的飞行时间均在1000小时以上，许多人参加过第二次世界大战，有些人是所谓的“王牌飞行员”。而志愿军空军作战飞机不足300架，飞行员的平均飞行时间只有100多小时，在喷气式飞机上只飞过20多小时，没有空战经验。

志愿军空军沿着“从实战中锻炼，在战斗中成长”的道路，由不会打空战到学会打空战，由能打小规模的空战到能打大规模的空战，共击落敌机330架，击伤95架。1952年2月10日，志愿军空军第4师大队长张积慧在空战中，将美国空军少校中队长、号称“成绩最高的喷气式飞机王牌飞行员”G.A.戴维斯击毙，在美国引起了震动，称这是对美远东空军的一大打击，是一个悲惨的损失。

这些志愿军空军英雄回国后，经常被邀请到学校作报告。正值血气方刚年龄的于本水，听到这些报告，不禁热血沸腾，对志愿军英雄充满了崇敬之情，同时，更增强了对航空专业的兴趣。

5.19岁加入中国共产党

高中阶段，于本水除了认真刻苦地学习文化知识、踊跃参与社会活动外，在政治上更是积极追求进步。1950年，16岁的他向党组织提出了入党申请，支部通过后，上报到县委，因为不够入党年龄，没能通过审批。1953年7月3日，这一梦寐以求的愿望终于得以实现，他光荣地加入了中国共产党。他觉得，加入党组织，为共产主义事业奋斗，是人生中一件十分骄傲、自豪的事。

进行入党宣誓，置身于正式、庄重的会场，于本水心潮起伏。在中国共产党的历史上，各个时期的入党誓词有所不同。于本水入党时，遵循的是中国共产党七大的章程。他和长春市全市的新党员一起，面对鲜红的党旗，举起右手，庄严宣誓："我志愿加入中国共产党，承认党纲党章，执行党的决议，遵守党的纪律，保守党的秘密，随时准备牺牲个人一切，为全人类彻底解放奋斗终身。"

那天晚上，于本水辗转反侧，激动得彻夜难眠，往事一幕幕浮现在眼前。19 年的人生道路，他走得艰难坎坷。从小家贫，他和家人吃不饱、穿不暖，是共产党解放了他们，进行土改，给他们分了田地，日子才慢慢好起来。新中国成立后，他在中学读书，是党和政府为他提供助学金，解决了生活问题，让他可以安心地投入学习。他有什么理由不加入这个伟大、光荣、正确的党呢？

师生中，包括于本水在内，共有 4 名党员。刘少奇 1939 年发表的《论共产党员的修养》一文，论述了共产党员党性的锻炼和修养。于本水反复学习，对照检查。他对文中的"一个具有高尚思想品德修养的共产党员，即使在他个人独立工作，无人监督，有做各种坏事的可能的时候，也能够'慎独'，不做任何坏事"的论述印象深刻，要求自己以更高的标准，真正起到模范带头作用。

入党以后，长春市第一高中所在地长春市二区选人民代表。由于是党员，学习好，又有群众基础，于本水被大家推选为区人民代表。

于本水

于本水院士传记

Academician Yu Benshui's Biography

第三章

留学苏联 激情立志航天梦

1954年，于本水以优异的成绩从高中毕业，被选为留苏预备生。踌躇满志的于本水，走上了探索航空航天奥秘的人生之路。

1954年，于本水以优异的成绩从高中毕业，被选为留苏预备生。留学生选拔要过三道关：政审、体检和考试。于本水的父母都是党员，他自己也在高中阶段入了党，政治上合格；他从小参加劳动，身体素质也很棒；参加全国统考，成绩也达标。于是，于本水被录取到北京俄文专修学校（1955年改为北京俄语学院，现在的北京外国语大学的前身）留苏预备部学习。

长春市对此事很重视，团市委为留苏预备生组织了隆重的欢送会，教育局局长和团市委书记都出席了欢送会。这些学生是从第一高中、第二高中和师大附中3个中学选拔出来的。到北京后，他们还把在北京的留影寄回了母校。

多年以后，事业有成的于本水再次回到母校，已物是人非。校舍已经改变，昔日的老师多已作古。不曾改变的，是他对母校的热爱和感恩之情。

1. 成为留苏学生

20世纪40年代后期，为了革命胜利后建设国家做准备，中国共产党派出一批革命烈士和干部的子弟到苏联学习。新中国成立后，百废待兴，百业待举。党中央、毛主席为迅速改变中国贫穷落后的面貌，向苏联及东欧社会主义国家派出大批留学生，学习先进的科学文化和管理经验。这项工作被纳入我国科学教育发展十年规划。中央设立了由聂荣臻、李富春、陆定一组成的留学生领导小组，每年的选派人数和专业，都由周恩来总理亲自审批。

1950 年 2 月 14 日，中苏两国领导人在克里姆林宫正式签订《中苏友好同盟互助条约》。根据这个条约，苏联政府将对中国的建设提供援助。于是，在苏联向中国派遣专家的同时，中国也打开了向苏联派遣留学生的大门。1951 年，中国有 375 名学生被公派到苏联留学。1952 年 2 月，有关部门在北京俄文专修学校的基础上成立了专门的留苏预备部，旨在帮助赴苏留学生进修俄语和做其他留学准备。

中国政府向苏联派遣留学生，大致可分为两个阶段：第一阶段是 1950 年至 1953 年，采取“严格选拔，宁少勿滥”的方针，共派遣 1708 名留学生。第二

1955年出国前夕，于本水（二排右四）与留苏预备部85班同学合影

阶段是1954年至1956年，采取“严格审查，争取多派”和“以理工科为重点兼顾全面需要”的方针。这些留学生回国后，使我国中级科研队伍有了较大的发展，逐步成为新中国的栋梁人才。

在选拔留苏学生时，有关部门提出的条件十分严格。当时有一种说法是“够入党条件，不一定够留苏条件”。于本水在这样苛刻的条件下，顺利通过了留学生选拔。

赴苏联留学，无论对国家还是个人来说，都算是一件大事。起初，于本水进修俄语的学校在鲍家街附近，后来搬到魏公村。住宿，4人一间，24小时热水；吃饭，四菜一汤。条件如此优越，国家真是把他们这些留苏学生当做了宝贝。对此，于本水感到很惊讶，暗下决心，要努力学习，报效国家。

在北京的一年，主要任务是提高俄语水平，同时进行政治审查，并做好出国准备。由于这些留苏预备生来自全国各地，俄语水平参差不齐。南方来的同学从小学英语，俄语基础弱一些。而于本水来自东北，初中、高中都学俄语，便被编到高级班。就是在这个班上，他认识了终身伴侣朱小泉。

大家都很珍惜出国留学的机会，如饥似渴地投入学习。于本水更是快马加鞭，给自己制定了很高的目标。相对而言，他在班级同学中，俄语基础比较扎实，又很热心，许多同学都得到过他的帮助。

学习之余，还要做生活方面的准备。国家给每个学生发了一笔钱，用于置办服装、鞋帽等。大家在专门的服装店里，定制了西装、中山装、大衣、皮鞋、帽子，里里外外，所有的衣物无一不足。这些生活琐事，国家都为学生们想得这么周到，于本水又一次受到触动，对国家充满了感恩之情。

2. 赴苏途中的“列车大学”

说到底，出国留学最根本的是学习专业知识。新中国刚成立，国家建设需要大力发展，国防专业是最尖端的专业，也是最时髦的专业。于本水想起从小在东北看见过日本侵华时期的飞机，也听到过从朝鲜战场凯旋的空军英雄做的报告，对飞机专业兴趣很大。于是，在征求专业意向时，他填报了“喷气式飞机”。

等到公布专业的时候，人事部门到班上宣布，于本水是“特字四号”。这是什么专业？他丈二金刚，摸不着头脑。没人答复他，因为要保密，让他自己到人事处去看。人事处工作人员翻开登记簿，他一看，是“喷气式飞机设计”，心中暗自惊喜，太好了，正合自己的心意。

转瞬间，一年的预备期在紧张的学习和忙碌的准备中结束了。1955 年 9 月，正当开学季，于本水接到通知，准备出发。到了火车站，他一看，近千名人员组成的一个大队，包括大学生、研究生、进修教师等，声势很大。带队的大队长罗工柳是中国著名画家，在延安时期就很有名了，创作过油画《整风报告》等。这次，他是到苏联进修。

出发之前，于本水为提前了解有关知识，特地上街到书店买了两本飞机设计方面的书。一上火车，他就迫不及待地看起来。同学们开玩笑说，于本水开办了“列车大学”。他憧憬着几年后学成归来，把自己的智慧和学识，毫无保留地贡献给年轻而富有活力的共和国，为建设一个强大、现代化的国家，贡献自己的力量。

由于中苏两国的铁轨规格不同，于本水一行从北京坐火车到达满洲里后，要换乘苏联的专列。离开满洲里，进入苏联的第一个车站是奥得堡（译为中文是“打退、击退”之意，是针对日本侵略者而起的名），因为离贝加尔湖很近，后改名为贝加尔湖车站。

到了这个车站，于本水想起高中二年级时，语文课本里有一首艾青的访苏游诗，里面有这样四句诗：

列车到了奥得堡，
接客的人走近车厢；
请到下面休息，
好像在家里一样。

平白如话、素朴之极的语言，平缓舒展、自然律动的节奏，既有画面又有声音的描绘和烘托，使人身临其境地感受到宾至如归的亲切氛围，以及中苏两国人民无比融洽、亲如一家的亲情和友情。

从满洲里到莫斯科，火车还要走七天七夜。20 世纪 50 年代，中国的榜样就是苏联，把苏联当“老大哥”，全面学习苏联，相信“苏联的今天就是我们的明天”。年轻人像朝圣一样，每到一个车站，都争先恐后地下到站台上，想亲眼目睹现实生活中第一个社会主义国家是什么样子。在此之前，于本水也只是在电影《金星英雄》中看到过苏联。影片讲的是一个苏联军人参加第二次世界大战后，回到农村建设社会主义，和落后的旧思想进行斗争的故事。

火车一路驶来，穿过辽阔无垠的西伯利亚。这是一片富饶而尚未开发的土地。从小在东北长大的于本水，也被这一望无际的原野所震撼。

让于本水和同学们最兴奋的是过乌拉尔山。乌拉尔山是欧洲与亚洲的分界山脉。那一整夜，大家都没有睡觉，看着窗外的景色，兴高采烈地谈论着，有的同学还跑到车门口，大声地唱歌。其实，因为天色已晚，车窗外面漆黑一片，旷野无边，没有人家，没有灯火，影影绰绰看见的，只有电线杆和高高的白杨树。

到了莫斯科后，于本水被分配到莫斯科航空学院。

莫斯科航空学院（俄文简写 М А И）是苏联最有名的培养航空航天技术人才的高等学府，也是世界上最为著名、最大的航空院校之一。

莫斯科航空学院 1930 年建校。1925 年，莫斯科高等技术学校力学系设置了航空力学专业。1929 年，该校单独设置了航空力学系。1930 年 3 月，航空力学系从莫斯科高等技术学校分离出来，单独成立了高等航空力学学校，同年 8 月 29 日，又改组成为莫斯科航空学院。

莫斯科航空学院在建立之初，只有飞行器发动机系和飞机制造系。20 世纪 40 年代末、50 年代初，又接二连三地增设了许多系。莫斯科航空学院师资力量极其雄厚，由许多国际著名学者、苏联国家科学院院士和著名的飞机总设计师担任教授或兼职教授，如著名的飞机总设计师雅科夫列夫、火箭总设计师米申和空气动力学家尤里叶夫等。

1956 年，于本水在莫斯科留学期间留影

除此之外，莫斯科航空学院还设有近50个科研实验室、试制工厂、推进试验设备、风洞和飞行模拟器等航空试验机构及设备，这在苏联所有高等院校中是数一数二的。莫斯科航空学院的总院设在莫斯科市内，此外还在一些航空基地和航天发射场设有分院，如拜科努尔航天发射场、茹科夫斯基城等地的分院。

怀着兴奋和骄傲的心情，于本水进入了这座著名学府。留学机会来之不易，肩上承载着家乡父老乡亲的殷切期望，他废寝忘食地投入学习，一心想早日学成，回国效力。

3. 一年过语言关

在国内，于本水的俄语基础算是比较好的，到苏联以后，偏偏是语言首先给了他一个“下马威”。学校本来是9月1日开学，而中国学生晚到了半个月，耽误了一些课程。第一课讲投影几何时，教授在讲台上滔滔不绝，他聚精会神地听了半天，也只是听懂了一些单词，完全构不成概念。

苏联的学校还有一个特点：没有教材，一个教授讲一样，教科书只能作参考，教授讲的内容，书上没有，学生必须当堂记下教授的讲课内容，如果记不下来就麻烦了。

为了提高留学生的俄语水平，校方规定一个班只有一名中国学生。宿舍也是这样，4 个人住一个房间，每个房间也只安排一名中国学生，逼着这些中国留学生用俄语交流，融入当地学生中。

和于本水同一宿舍的 3 个苏联同学很热情、友好，大家相处融洽。因为语言问题，同学间发生了不少有趣的事。有一次，于本水宿舍里来了一位东德留学生，俄语说得也不好。他想借点香肠，但是不会用俄语说“香肠”这个词。因为刚上完投影几何课，知道圆柱体的俄语发音，于是问:“你有没有一个圆柱体？”苏联同学很纳闷，拿了一根圆柱体的棍子给他。东德学生连连摇头，又无法用语言表达，急得面红耳赤。急中生智，他打开一个小柜子，拿出一根香肠来，大家这才恍然大悟。后来大家开玩笑，一直叫他“圆柱体”。

刚到莫斯科不久，于本水约同学去体验俄罗斯大餐。有一家叫布拉哥的餐厅，在当地很出名。服务生拿来菜单，大家傻眼了，根本看不懂那些菜名，只好胡乱点了几个菜。等菜上来一看，第一道是豌豆粉汤，寡淡无味，一点也不好吃；第二道是煮得半生不熟的鸡蛋，要用小勺挖着吃。花了不少钱，却没吃上正宗的俄式大餐，他和同学心里别提有多郁闷了。

因为语言的关系，中国留学生还闹了很多笑话。比方说排队，中国人习惯说“我是最后一个”，但俄语里还有一个词，相当于是“靠边上的”，也可以理解为“边民”“我是住在边境那个地方的”。苏联人到队尾排队，问“你是最后一个吗”？中国留学生想了半天，以为是问他是不是从边境地区来的，于是回答说“不，我是从中国来的”。

和其他同学相比，于本水的俄语尽管不错，但也遇到一些困难。因为在国内学外语，多半停留在书面上，没有语言环境，到苏联之后，必须有一个适应过程。苏联同学经常用的口头语，很多在字典里都找不到。

进入莫斯科航空学院几个月后，于本水被学校团组织选派到苏联的一所中学开讲座，介绍中国中学生的学习和生活情况。不用做太多的准备，他刚从中学毕业，只要讲自己的亲身经历就行了。于是，他自信地走上讲台，不知不觉地讲了一个小时，完成了任务。在答问环节，有苏联中学生提问：“中国为什么要‘除四害’？”

这是当时正在全国开展的一项“除四害、讲卫生”运动，没想到苏联人也关心这个话题，于本水感到很新鲜。他根据国内报纸上的宣传口径，并结合自己的生活常识，讲明了消灭苍蝇、蚊子、臭虫，是为了创造更加干净、卫生的生活环境，而消灭麻雀，是为了保护庄稼不受侵害，让农民得到更好的收成。

为了让中国留学生尽快适应环境，帮助他们投入学习课程，学校想方设法，创造了很多条件，比如“一帮一”，就是找一个班上学习比较好、守纪律的苏联同学，帮助一个中国学生。这些苏联同学一般都是女生，因为女孩较男孩规矩、耐心些。

班里安排团支部书记塔玛拉帮助于本水。这个女孩来自瓦洛涅日，父亲是当地市委的宣传部长，母亲也是干部。塔玛拉很有教养，待人热情，做事认真，每天早早地给于本水在教室头两排占座位。就这样帮助了一个星期，于本水受不了这种一帮一的学习方式，觉得很受约束，自己应该主动去适应和思考，于是开始有意回避塔玛拉，试着独立去听、去想、去记笔记。

这个方法果然有效。一年后，于本水已能用俄语熟练地听课、记笔记和回答问题了。这时候，同学之间也相互熟悉了，塔玛拉问他：“哎，那时候怎么回事，你怎么老躲着我呀？”于本水说：“你在我跟前，我一点自由都没有了，你完全控制了我的大脑，我的思想得自由一点，才能听明白。”塔玛拉和在场的苏联同学哄堂大笑。

语言不过关，吃也不适应，听课更辛苦，有些中国同学打起了退堂鼓。最后，有几位工农中学的学生实在学不下去，只好回国。于本水本身对语言有天赋，语法基础在国内打得很好，又置身于特定的语言环境，更主要的是，他十分珍惜出国留学的机会，想尽一切办法克服困难，所以很快就过了语言关。

4. 刻苦钻研每个问题

20 世纪 50 年代的中国留学生十分刻苦，他们的求知欲及建设国家的热情非常强烈。直到现在，还有人问起于本水，是什么力量驱动他回国的？于本水回答道：“那时候对我们来说，这些都不是问题，大家只有一个目的：学成了，回来建设我们的国家。因为是国家派出去的，回国是理所当然的。这不是哪一个人的选择，而是我们这一代人的信念。”

正因为想法单纯，中国留学生心无旁骛，一门心思投入学习。上课时，大家都提前到教室，坐在前几排，生怕听不清教授所讲的内容。教授布置的作业，大家必定认真完成，每天不到夜里 12 点不睡觉，仔细钻研每个问题。苏联教授常常把中国学生当作榜样，批评苏联学生说：看中国同学，多勤奋！

有一次，于本水到学校政治经济学阅览室复习。平时，这个阅览室的学生不是太多，除一些中国留学生，苏联学生很少去。那天，空空荡荡的阅览室里，只有他一人。

阅览室管理员是一位热情、慈祥的老太太，很健谈。她走过来主动和于本水闲聊。从谈话中，于本水得知这位老太太 1918 年就加入了苏联共产党，是位老党员。1919 年 5 月 10 日，苏联工人发起“星期六义务劳动”，得到列宁的赞扬和支持，称之为“伟大的创举”，列宁本人也参加了这一活动。在参加“星期六义务劳动”时，这位老太太还跟列宁一起扛过木头呢。

闲聊中，老太太表达了对中国的革命精神和中国人吃苦耐劳品德的赞赏，对中国留学生刻苦学习的劲头赞不绝口。她还找来另一位管理员，给于本水拍了一张照片。第二天，于本水从名为《螺旋桨》的校报上看到了自己的照片，还配了图片说明：中国学生在阅读。这是于本水第一次上报纸，还是在异国他乡，觉得这真是难得的纪念。

苏联学校的考试，最后都是面对面的口试，一门一门考，一般学期结束前的一个月，就是专门的考试时间。一群教授坐在考场，学生可以自己挑选教授。学生随手抽取一张考卷，做一些准备后，先进行笔试。教授如认为笔试通过，便进入最关键的口试。口试比较灵活，如果不消化本门课程的基本内容，便很难答出来。这种教学方式，使苏联学校的教学质量很高，学生的学习基础也很牢固。

通过这些严格的学习和考试，于本水打下了牢固的知识基础。于本水一直骄傲于在莫斯科航空学院这座世界知名学府接受高等教育。苏联大学教育突出的特点是注重理论与实践相结合，大学和设计局、研究所关系密切。但同时，他认为苏联的教育方式也有一些问题，存在填鸭式教学，课堂上灌输给学生的知识量特别大。著名教授斯维什尼可夫是苏联航空之父茹科夫斯基的学生，讲授理论力学，给于本水讲课时已 70 多岁，但一上讲台讲课就特别有激情，满面红光，在教室里走来走去。他讲授的内容比较深，也不太好懂。有学生写纸条“投诉”说：“教授，你讲的课我没听懂。”教授不以为然，反唇相讥说：“你没听懂？你都听懂了，回家还干什么？”

有一次，于本水和同班同学巴甫洛夫在路上看见斯维什尼可夫教授夫妇边

1956年，于本水（中）和莫斯科航空学院同学参加节日活动

走边谈。巴甫洛夫很想听听他们在谈什么，于是悄悄地跟在后面“偷听”了一会儿，回来告诉于本水：“教授告诉夫人，三个矢量之和等于零。”

和苏联同学一起上课一同生活，于本水感到，他们的课堂纪律不是太好，比较自由散漫，但一旦遇上喜欢的内容，就会钻研得很深，到工作岗位上，很快会做出成绩。讲“空气动力学”课程的校长卡缅科夫教授虽然名气很大，但讲课技巧并不怎么好，推导公式时，经常把分母写到分子上去。怎么办呢？就来个负指数。其实他是一个著名专家，当过苏联航空工业部副部长。苏联同学上课喜欢聊天，他便“威胁”学生说：“你们知道吗，我可以给你们比赶出课堂还重的处罚。”意思是利用校长职权开除学生的学籍。苏联同学就大喊：“不会的，你是一位善良的大叔。”

有的教授则很会启发学生。教“无线电原理和设备”课程的副教授讲课时，会突然停下，故作神秘地说：“我在地铁里发现一个现象。”听到此话，正在座位上交头接耳的学生不说话了，都静下来想听他的下文。他接着说："我发现男女不一样，男的说话吧，这个说，那个听，听完了再说。两个女的就不一样了，她俩同时说，同时听。"看到学生们露出会心的微笑，他话锋一转，用无线电术语说："看起来，女人具有同时发射和接收的能力，而男人按时序进行发射和接收。"课堂上爆发出一片笑声，继而开始安静地听讲。

5. 中苏《国防新技术协定》

新中国成立伊始，百废待兴。共和国的开国领袖们精心谋划国家未来建设的宏伟蓝图。以毛泽东为核心的党的第一代中央领导集体高瞻远瞩，把发展核武器，形成导弹核力量，作为建设强大国防、确保国家安全的一项战略任务。

基于这种认识，在建国初期国家经济十分困难、工业基础十分薄弱、科技水平十分低下的情况下，党中央仍做出了发展尖端武器的决定。

一直关注国家大事的于本水得知，由著名科学家钱学森领衔的中国第一个导弹研究机构——国防部第五研究院于 1956 年 10 月 8 日成立，标志着中国航天事业的正式创建。来自全国各地的精英汇聚到这里，白手起家，自力更生，开始了艰难曲折的导弹研究之路。

在导弹研究方面，我国的基础十分薄弱，除钱学森在美国时接触过实物、做过火箭试验外，大多数人则对其闻所未闻、见所未见。

得天时、地利之便，于本水在平时的学习中，也了解到苏联在导弹研制方面的情况。早在 1948 年，苏联就已经进行了弹道导弹首次试射。对中国来说，为了尽快掌握导弹、原子弹等新式武器的研制技术，唯有向苏联学习，从苏联引进技术。

1957 年 7 月，国务院副总理聂荣臻会见苏联负责对中国经济技术援助的总顾问阿尔希波夫，提出希望苏联在中国第二个五年计划期间帮助中国发展原子能、导弹和航空等方面的技术。两天后，阿尔希波夫约见聂荣臻并答复：苏方支持给予技术援助，同意在适当的时候，由中国派政府代表团去苏联谈判，并表示将圆满答复中国政府所提出的任何问题。

于是，中国派出以聂荣臻为团长，陈赓、宋任穷为副团长的政府代表团，还聘请了21名火箭、原子能、飞机、电子等方面的领导和专家、教授当顾问，共40多人，于9月7日飞抵莫斯科。从9月9日开始，两国代表团成员分成军事、原子、导弹、飞机、无线电等5个组，进行谈判。谈判进展较为曲折，正如事先所预估的那样，苏联方面不会无保留地把一切新技术都交给中国，中国代表团对此早有思想准备。

在谈判桌上，苏联方面总的来说还比较友好、热情。很快，苏方提交了协定草案。草案送回北京后，周恩来委托彭德怀、李富春召集国防工业负责人进行研究。与会者一致认为，苏联提出的援助项目都是中国国防所必需的，因此，积极表示赞成。

10月15日，中苏正式签署了《关于生产新式武器和军事技术装备以及在中国建立综合性的原子工业的协定》（简称《国防新技术协定》）。根据此协定，苏联将援助中国建立起综合性原子工业；援助中国的原子弹研究和生产；帮助中国进行导弹研制和发射基地的工程设计；帮助中国设计试验原子弹靶场和培养有关专家等。这一协定的签订，标志着苏联真正开始向中国提供原子弹和导弹研制方面的尖端技术和装备援助。

听到这些消息，于本水心潮澎湃。课余时间，他和同学们展开热烈的讨论，为国家所取得的每一点进步感到自豪，也期待着学成归国，投入火热的国防建设中。

6. 转学火箭导弹专业

中苏《国防新技术协定》签订后，在苏联专家的帮助下，中国开始进行地地、地空、空空、反舰等 4 种型号导弹的仿制工作。

1957 年，苏联已研制成功几乎所有品种的导弹，将洲际导弹试射到太平洋，将人造卫星送入了太空。在这种情况下，苏联同意从中国留苏高年级大学生中，抽调 77 人改学导弹专业。

为保密起见，导弹专业对外称 C-1 专业或无人飞行器专业。在苏联学习导弹专业的学生政审非常严格，之前从来没有外国留学生进入该专业学习。1957 年，正是苏联导弹专业大发展的时期，于本水所在的 C-47 班被改为导弹专业。莫斯科航空学院的中国学生将接触到导弹专业的情况，被报告给中国驻苏大使

1956年，于本水（后排右一）、朱小泉（前排左一）和中国同学在莫斯科红场合影

馆。刘晓大使回复说，只要苏联方面不赶，就在那里学，这对咱们国家有好处。

20 世纪 50 年代，莫斯科航空学院的导弹专业和飞机专业均在一系，但有独立教研室，后来成立了航天和自动飞行器系（六系），飞机系仍称一系。

20 世纪 50 年代，苏联学术界有一个优良传统，担任大学校长等高级职务的专家学者，仍然要担负教学和研究工作。在专业基础课方面，给于本水印象最深的是“空气动力学”，由卡缅科夫教授主讲。卡缅科夫教授是苏联著名空气动力学家，担任过航空工业部副部长、莫斯科航空学院院长，后辞去所有行政职务，任莫斯科航空学院空气动力学教研室主任。教授“结构力学”课程的奥布拉曹夫院士，先后担任过系主任、莫斯科航空学院院长和俄罗斯教育部长，但仍在莫斯科航空学院结构力学教研室和科学院从事研究和教学工作。

1957 年，于本水和部分中国留学生正式从飞机专业编入到火箭导弹专业，成为苏联首批学习航天专业的外国留学生。这些导弹专业的留苏大学生学成回国后，成为了研发导弹的骨干力量。

鉴于这个专业的密级高，其保密制度极为严格。他们的出入证上有一个小火箭发动机符号，没有这个符号，借不到资料，也进不了导弹陈列室。听教授讲课的记录本都要用麻绳穿上，再用印泥粘到皮上，每页编上号，不能丢失任何一页。上课时，班长将笔记本从第一科取来，下课时，再统一收走送回第一科保存。复习则必须到第一科阅览室，凭出入证借阅笔记和有关资料，否则无法借阅资料，更别说进出校门了。

从此时起，于本水正式进入航天领域。

7. 聆听毛主席讲话

1957 年 11 月 2 日，毛泽东主席率中国党政代表团抵达莫斯科，参加十月革命 40 周年庆典活动，并出席世界各国共产党和工人党首脑会议。消息发布后，于本水和同学们一直关注着代表团的活动，大家都十分渴望在异国他乡见到祖国的领导人。

那天早上，于本水起床后，习惯性地打开收音机，听到莫斯科广播电台报道说毛泽东主席访苏，已经到了伊尔库茨克，待飞机加油后，当天就到莫斯科。

于本水和王永志等同学一商量，决定到机场去接毛主席。他们租了一辆吉姆车到机场。这种车算是高级轿车，在中国国内，只有部长级官员才能坐。听说于本水他们要去机场接机，有个叫瓦洛佳的苏联同学也要跟着去，说想亲眼见见毛主席。但他的长相跟中国人不同，恐怕会引起苏联警察的怀疑，而且中国大使馆也不会允许他去。于本水和王永志等灵机一动，想了一招，让他别吱声，要是别人问起他来，就说是中国少数民族学生。于是，瓦洛佳跟着他们去了机场。苏联警察一直用怀疑的眼光盯着瓦洛佳，但他始终表现出一副淡定从容的样子，一言不发，还真的跟着中国留学生“混”进了机场。

中国驻苏联大使馆政务参赞张伟烈看到留学生们来机场迎接毛主席，非常惊讶。中国留学生对毛主席的热爱，感染了苏联方面的工作人员，他们把中国留学生安排到一个最好的位置等候。

赫鲁晓夫、伏罗希洛夫、布尔加宁等苏联有关方面的领导都到机场迎接中国党政代表团。

于本水睁大双眼，兴奋地向飞机飞来的方向眺望。第二天，苏联《真理报》头版，以“中国留学生迎接毛主席到莫斯科”为题，刊登了中国留学生到机场欢迎毛主席的照片。

和于本水一样，在苏联的中国留学生都很希望见到毛主席。听使馆工作人员说，毛主席对留苏学生也很关心，一到莫斯科就向刘晓大使询问学生们的学习和生活情况。刘晓大使汇报说：“中国有4000多名学生在苏联学习，他们学习很刻苦、很优秀，同苏联同志相处得很好。”“留学生们非常想见到毛主席。”刘晓不失时机地补充道。

毛主席高兴地说：“我也非常希望见到他们。我今年5月在北京就与到访的伏老(伏罗希洛夫)说过，我不想当国家主席，想到大学当一名教授。我非常愿意同青年们在一起，他们年轻、思想活跃，很开朗，常听听他们的意见很有好处。”

这个消息让中国留苏学生喜出望外。11月17日，位于列宁山的莫斯科大学的大礼堂里人山人海，留学生们从各自的大学赶来。大厅里的座位上坐满了人，两厢、廊柱之间也都站满了人。在前几排，1个座位甚至挤着坐了3个人，有的人干脆在走道上坐了下来。一部分同学实在坐不下，被安置在旁边的俱乐部收听实况转播。估计到会的有3000多人，其中有在莫斯科学习的本科生、进修生、实习生，还有部分军事学员。一些外国学生听到消息后，也挤到礼堂，希望目睹世界伟人毛泽东的风采。

下午6点，礼堂里的水银灯全部亮了起来，把会场照得如同白昼。毛泽东、邓小平、彭德怀、杨尚昆等党和国家领导人，依次走上主席台就座，顿时，全场的人都站了起来，“毛主席万岁”的欢呼声和雷鸣般的掌声响彻大厅。

毛主席走到讲台前沿，含笑向大家频频挥手，并示意大家坐下来。全场安静下来后，毛主席说的第一句话是：“世界是你们的，也是我们的，但归根结底是你们的。”台下一阵高呼：“毛主席万岁！”毛主席接着说：“你们青年人朝气蓬勃，正在兴旺时期，好像早晨八九点钟的太阳，希望寄托在你们身上，未来是属于你们的。”

紧接着，毛主席对在场的留苏中国学生提出三点希望：第一，要身体好，这是革命的本钱。第二，要学习好，学好建设国家的本领。第三，将来工作好，为国家做出有益的贡献。

聆听毛主席的谆谆教诲，于本水浑身仿佛充满了力量。这是他第二次见到毛主席了。1955年7月1日，越南主席胡志明访华间隙，到北京中山公园游园，正在学习俄语的于本水和同学们一起，被安排在中山公园维持秩序。那是他第一次近距离见到毛主席和胡志明主席。

“世界是你们的，也是我们的……希望寄托在你们身上。”言辞朴素的一句话，却像一声洪亮的战鼓，敲响在留学生们的心头。于本水感受到了国家的伟大。他深感，未来建设国家的重担，已落在他们这一代人的肩上，使命光荣，责任重大，必须更加刻苦努力，学到苏联的先进技术，早日回国，把自己的学识和青春献给祖国。

8.繁忙而充实的留学生活

正是毛主席等老一辈领导人对留学生们所寄予的共同期望，使于本水深刻地感受到留学机会难得，并下定决心，学好本领，报效国家。

20 世纪 50 年代苏联高等教育的突出特点，一是重视基础，如数学课一直讲到大学三年级。二是重视实践，理论与实践相结合，几乎所有功课都要在实验室进行实验。工艺实习从校工厂开始，三、四年级暑期，学生到工厂实习，五年级到设计局实习。三是产、学、研关系密切，学校承担设计局、工厂和研究所课题，很多设计局、工厂、研究所的著名专家，如米申、雅科夫列夫等导弹和飞机总设计师在学校兼职。

看到苏联极其先进的科研环境和资源，于本水和他的中国同学们跃跃欲试，萌发了利用苏联的科研条件为中国设计导弹的想法。他们向导弹专家托马雪维奇求助，托马雪维奇很热情，表示愿意提供所需要的帮助。托马雪维奇主持研制过巡航导弹、地空导弹和空空导弹，是最有实践经验的导弹专家。学生时代，他就表现出在航空技术领域方面的天才，在国际航模竞赛中多次获奖。大学毕业后，他到航空工业部门工作。1936 年，他担任副总设计师，1938 年因受苏联著名飞行员契卡洛夫飞机失事事件牵连而被捕入狱，但仍在集中营和设计局从事飞机、反舰导弹和防空导弹的设计工作。托马雪维奇讲的导弹设计课最具有

1959年，于本水（右四）作为中国航空教育代表团翻译，访问喀山航空学院（右二为中国著名力学家、上海交通大学原校长范绪箕教授）

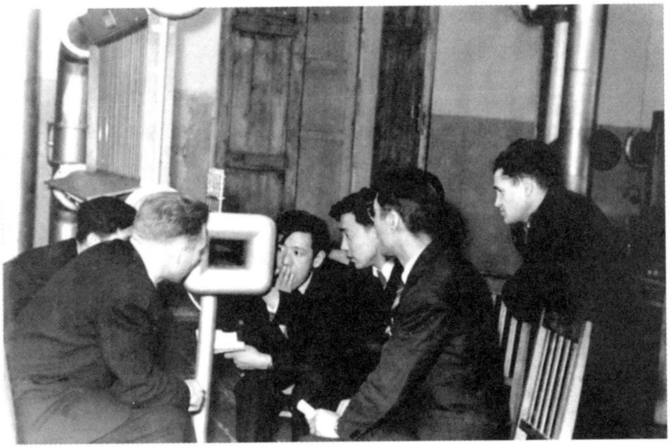

于本水（右三）随中国航空教育代表团参观喀山航空学院风洞实验室

实用价值。

留苏期间，于本水除认真学习外，还积极参与多种社会活动。每当国内有相关团体访问苏联，俄语流畅又懂专业的于本水就被选为翻译。他和王永志、王晋华等，还将俄文版《喷气式飞机》图书译成中文，由国防工业出版社出版。

光阴荏苒，时间在繁忙而充实的学习生活中流逝，很快就到了高年级实习阶段。四年级结束时，经苏联政府批准，于本水和他的同学们被允许在奥伦堡的一个火箭生产厂实习，那里正在生产一种反舰导弹。通过实习，于本水熟悉了该导弹的部件生产、部装、总装和试验过程。五年级全部功课读完后，苏联同学都到有关火箭设计局实习，苏方却不允许外国人进其设计局接触在研火箭，于是，于本水和同学们只好回到中国，在国防部第五研究院完成实习。

刘少奇的二儿子刘允若原在莫斯科航空学院仪表专业学习，后转学导弹总体设计专业。于本水和他是大班同学。刘允若从小是一个苦孩子，没有干部子弟的架子。他申请入党时，于本水还答应做他的入党介绍人。

1957年11月，毛主席访苏，刘允若去看望毛主席。此时，苏联第一颗卫星已经上天，毛主席让他讲解卫星原理，卫星在天上为什么不掉下来？针对十月革命节阅兵，苏联展出的各种导弹，毛主席又问了导弹原理。最后，毛主席让他转告中国同学，要好好学习苏联的先进科学技术，指出中国也要搞导弹和人造卫星。刘允若回莫斯科航空学院后，向于本水等同学讲述了他和毛主席的谈话过程。

在中苏《国防新技术协定》签订后的一年多时间里，苏联对中国原子弹和导弹研制方面的援助是正常和顺利的。在导弹研制方面，苏联一方面继续提供技术资料和样品，一方面帮助中国训练导弹部队。1958年，当苏联提出要在中国建立由苏联控制的长波电台和联合舰队的要求遭到中国拒绝后，苏方对协定的执行表现出不积极态度。1959年6月20日，苏共中央致函中共中央，借口苏联与美国等西方国家正在日内瓦谈判关于禁止试验核武器的协定，称如果西方国家获悉苏联正在新技术方面援助中国，则有可能严重地破坏社会主义国家为争取和平和缓和国际紧张局势所做的努力。因此，苏共中央认为，暂时不能向中国提供原子弹样品和技术资料。或许是为了安抚中国，苏联这时还没有停止在导弹以及其他国防新技术方面的援助。但到了10月，随着中苏关系日趋紧张，苏联的态度越来越冷淡，撕毁合同，撤走专家，给中国的核工业发展和尖端武器研制造成了巨大困难。

1960年，于本水面临毕业。在国防部第五研究院实习后，于本水他们理应回到莫斯科航空学院撰写毕业论文，鉴于中苏两国关系恶化，中国政府决定让他们提前毕业，回国参加工作。于本水被莫斯科航空学院列入全5分学年优秀学生名单张榜公布，回到国内后，分配到国防部第五研究院工作。

1993年，毕业33年后，于本水第一次回到母校莫斯科航空学院。历经数载春秋，当年的莫斯科航空学院已更名为莫斯科国立航空学院。

漫步在曾经学习、生活过5年的校园，于本水十分感慨。一切都是那么的熟悉，又是那么的陌生。母校教给他的知识，早已融进他的血液，让他在此后的几十年里，为中国的航天事业，尽到了自己的一份力量。

读书时的主楼、教学楼、5号楼、空气动力楼、发动机楼，仍是原来的样子，只是在墙上用花岗岩刻了许多作古的著名教授的头像，下边刻着他们的

1993年，于本水（右二）访俄时和莫斯科航空学院的同班同学聚会

姓名和生卒年月日。在飞机楼原址上，一座新建的高楼拔地而起，航天与自动飞行器系就在这里。

原系副主任、现602教研室主任高鲁别夫教授和切尔诺布洛夫金教授，热情地接待了于本水一行。晚上，于本水的同班同学别尔金设家宴招待他。住在莫斯科的C-47班的同学都来了，久别重逢，喜出望外，大家热烈拥抱，互诉离别思念之情。在航天飞机设计局工作的布赫缅诺夫将一架刻有C-47的“暴风雪号”航天飞机模型送给了于本水。

昔日朝夕相处的同学劳燕分飞，天各一方，但学生时代的友谊难以忘怀。大家都感慨：当初风华正茂的青年，一晃就成了两鬓染霜的老人。时间，无情地夺走了人们的青春，同时也成就了他们不断追求的事业。同班同学中，别尔金成为俄罗斯无线电研究所总工程师，伊万诺夫当选为俄罗斯科学院通讯院士……于本水作为602教研室的优秀毕业生，2001年当选为中国工程院院士。

于本水

于本水院士传记

Academician Yu Benshui's Biography

第四章

投身创业 “红旗三号”创新高

结束5年留学生涯，饱学导弹知识的于本水回到祖国，进入国防部第五研究院，投身于我国防空导弹的创业工作。

从走进国防部第五研究院这扇大门开始，于本水的一生，就与中国的导弹事业紧紧地连在了一起。

于本水所从事的导弹事业，起步于从苏联引进的“543”导弹仿制。1963年，“543”仿制工作初见成效，同年6月，进行模型弹飞行试验。1964年10月，成功击落中高空模拟目标，12月，导弹设计定型。1966年，“543”经过多发实弹打靶，完成生产定型，被命名为“红旗一号”，初步解决了我国地空导弹的有无问题。

随后，于本水又参与了“543”改进方案论证，并带领研制人员对“红旗三号”总体方案进行论证，标志着中国科技队伍已具有自行设计、制造、试验防空导弹武器系统的能力。这一过程，奠定了于本水坚实的技术基础，使他在科研事业上走向成熟。

1. 踏入防空导弹大门

在国防部第五研究院成立大会上，聂荣臻元帅发表了重要讲话：“研究导弹，世界上少有，在我国也是创举。为了保卫和平，赶上世界水平，研究导弹具有重要意义，这是一项新任务，因而人力、物力会有不少困难。大家要团结一致，善于克服困难，防止急躁和好高骛远。既要学习苏联的经验，也要学习资本主义国家的资料，以便尽快赶上世界水平。”他勉励到会人员努力学习，掌握导弹技术，毕生致力于我国的火箭事业，并为之作出自己的贡献。随后，聂荣臻提出了五院的建院方针：自力更生为主，力争外援和利用资本主义国家已有的科学成果。

1960 年，于本水和其他同学服从国家分配，怀着美好的憧憬来到国防部第五研究院，准备在这里大显身手，发挥自己的所长。学成归国之前，于本水在五院实习过，对他来说，分配到五院工作顺理成章；来自莫斯科航空学院和莫斯科鲍曼高等技术学校中的很多人学的是航空航天专业，对分到五院也觉得理所当然；而与于本水一起分配到五院的人中的许多人所学专业并非导弹，对此却颇感意外。

于本水被分到位于北京南郊东高地的第五研究院一分院。一分院有三个总体部，二部是其中之一。

20世纪60年代初的于本水

于本水（左一）和陈怀瑾（中）、宣平（右二）等在一起

此时，二部主任为屠守锷，他毕业于美国麻省理工学院，学的是航空专业，是航空强度、结构专家，长期从事火箭总体研究与设计，领导并组织了近程、中程火箭研制，成功主持了远程运载火箭的研制生产和全程飞行试验。1957 年 9 月，屠守锷作为聂荣臻元帅率领的中国政府代表团顾问，参与了与苏联的谈判。而后，他便和战友们开始了中国第一枚导弹的仿制工作。1961 年，在苏联撤走专家的困境下，屠守锷走马上任，任国防部五院一分院副院长，分管技术工作。二部副主任陈怀瑾是火箭控制技术专家，是“543”仿制工作的负责人。

由于二部刚成立不久，需要加强研发力量，于本水和其他两个从莫斯科航空学院毕业的于善学、郭秀城被分到二部。于本水被分到了二部一室。一室主任是著名将领叶挺将军的二儿子叶正明。叶正明于 1948 年和其他同志一同经朝鲜到了苏联，后进入莫斯科航空学院学习并于 1957 年毕业。这样算起来，叶正明还是于本水的学长呢。

与于本水相交 50 多年的空天防御专家杨存富，对当初两人相识的情景记忆犹新。1960 年，刚从南京航空学院毕业的他，一见于本水，就觉得他“有涵养，政治上成熟，对同事真诚”。

因为于本水的专业是导弹总体，为了全面培养他，室里决定让他先在弹道组工作 3 个月，以掌握弹道技术。由于当时全国仅有两台计算机，一台在科学院计算所，另一台在二分院五支队（现 706 所），两台计算机很抢手，根本借不到。

那时弹道组只能用手摇计算机计算弹道，效率非常低，最好的设备是德国生产的“门罗”机械计算机。

于本水在苏联学习“飞行力学与控制”课程时，接触过这种计算器。弹道组使用这种机械计算器，一个大学毕业生带领一个计算员计算一条“543”导弹半前置点法弹道，需要用时21天。

在弹道组工作3个月后，于本水被调到总体组，参加“老红旗一号”研制。“老红旗一号”的诞生有其特殊的历史背景。20世纪50年代末，苏联专家克索夫帮助中国研制冲压发动机。最先研制冲压发动机试验器，随后又决定研制以冲压发动机为动力装置的防空导弹。1959年，该项目正式上马，开始称为“红旗一号”，后为了将其与仿制“543”成功后的“红旗一号”相区分，改称其为“老红旗一号”。“老红旗一号”的指标很高，其作战距离为200千米，高度可达25千米至30千米。

20世纪50年代至60年代，冲压发动机是颇具竞争力的防空导弹动力系统，其代表型号是美国的“波马克”与英国的“警犬”。其中，“波马克”两个冲压发动机位于弹体两侧，而“警犬”的两个冲压发动机则是上、下对称分布。“老红旗一号”采用了类似“波马克”的气动布局，即两个冲压发动机位于弹体左、右对称分布。

从技术角度来说，国内的冲压发动机还处于预研阶段，因此，对正处于自然灾害时期的中国来说，研制“老红旗一号”的困难显而易见。“老红旗一号”采用以聚硫橡胶为推进剂的助推器，于本水负责拟制助推器试验器方案。

事实上，20世纪60年代初，我国无论在导弹技术或雷达技术上都处于起步阶段，研制这样一个高水平型号不具备条件。1962年，有关部门决定停止“老红旗一号”的研制工作。

2.深入到生产一线去

1961年，主管国防科研的聂荣臻元帅指示，防空导弹研制工作重点转至对“543”导弹的仿制上。同年，于本水被任命为导弹总体组副组长，领导派他和其他同志到沈阳下厂，参加“543”仿制工作。

“543”导弹与苏联有着密不可分的关系。在1957年签订的中苏《国防新技术协定》中，苏联同意向我国出售导弹技术，包括多个型号的导弹：第一型为P-2弹道式地地导弹，其射程为600千米；第二型为C-75防空导弹，其北约代号为SAM-2；第三型为K-5M空空导弹。此外还有岸舰导弹和舰舰导弹等。与此同时，根据协定，苏方还答应帮助我国培养导弹专业人才。正因如此，在这一年，留学苏联的于本水从航空专业转至航天专业，开始了导弹总体的学习。

1959年，一个营的防空导弹设备从苏联运至我国，随行的还有苏方相关人员，上至营长下至操作手，一应俱全。很快，在北京郊区成立了炮兵教导大队，五院和空军方面都派相关人员到那里学习，熟悉导弹相关情况。

苏联第一型防空导弹系统是C-25（北约代号SAM-1），用于装备莫斯科防区。出口至我国的C-75导弹是苏联研制的第二型防空导弹，是世界上非常先进的防空导弹。从此，中国人手里有了防空导弹实物。同年，苏方将C-75防空导弹的全套图纸和资料交付我国。中央决定对该导弹进行仿制。五院立即着手相关资料的翻译工作，并准备仿制、生产该导弹。同时，苏方还派来专家进行指导。出于严格保密需要，导弹代号为“543”，工业部门称“3069”，仿制成功后的导弹称“红旗一号”。

从鸦片战争开始至新中国成立的一百多年间，中国大地战争频发，民族工业尤其是重工业发展乏善可陈。自新中国成立到1959年的10年间，虽然百废俱兴，但仿制如此尖端的导弹武器，仍显力不从心。

于本水对国家现状有着切身体会，对仿制C-75防空导弹的困难更是了然于胸。困难是客观存在的，也是可以克服的。中央已经下决心仿制C-75防空导弹，并为此几乎动用了当时的整个工业体系，全国大协作，导弹仿制任务分布在全国各地军工厂。

由于所攻击空中高速运动目标的复杂性，在现有的几个导弹系列中，防空导弹是最复杂、技术难度最大的导弹系统，这是于本水从事防空导弹事业半个多世纪的深切体会。目标的复杂性决定了防空导弹的技术难度。相比较于防空导弹而言，地地导弹的目标通常为地面固定目标，而防空导弹的难度在于它要对付的目标是运动的，同时，目标运动速度非常快，甚至为了逃避防空导弹的打击，而采取机动飞行并伴随干扰等各种突防措施。

C-75导弹采用相对体制，很好地解决了制导精度。此外，该导弹很好地综合应用了三点法和半前置点法导引律，用扭角补偿很好地解决了测量坐标系与执行坐标系的矛盾问题。1961 年，国防科委主任聂荣臻在一次讲话中，嘱咐五院的同志们要认真搞科研，要干干净净、安安静静。他还提出防空导弹的工作重点要转到“543”上来，要仿出“543”、吃透“543”、改进“543”，要像爬楼梯一样逐步提高。

于本水在以后的工作中逐渐认识到，聂荣臻元帅的这个决策非常正确。对新中国防空导弹研制队伍来说，如果不吃透一个型号，一开始就想研制新型号，有些好高骛远。

思路理清后，二部的职能也跟着转变。根据聂荣瑧元帅的指示，总体室抽调于本水等 5 人组成驻厂工作组，由于本水任组长，下到生产一线——位于沈阳皇姑区三台子的 112 厂。

1961 年，正值全国困难时期，社会秩序比较混乱，物资供应紧张，一些地方的老百姓连饭都吃不饱。当时流传一句话，全国最困难的地方是辽宁省，辽宁省最困难的地方是沈阳市，沈阳市最困难的地方是皇姑屯（112 厂所在地）。

为了出行方便，于本水一行换上便装来到沈阳。没想到，几个人出了火车站刚换乘公共汽车，就碰到了一件倒霉事。挤在拥挤不堪的公共汽车里，不知什么时候，于本水口袋里的钱包不翼而飞。他心里猛地一紧，钱包里除了有借来的钱、粮票，更重要的还有转到沈阳市委的党组织关系介绍信。因为之前对沈阳的混乱有所耳闻，于本水一直很警惕，做好了防护准备，没想到还是被小偷盯上了。他赶紧大声对同行的张广志说：“我钱包被掏啦！”

说来也巧，车上刚好有一名警察，他听到于本水的话，立即高喊一声“车上的人谁也不准下车”，并让司机将车直接开到沈阳市公安局。乘客们你看我，我看你，等待着事情的转机。警察的话起了作用，稍后有人发现地上有一个钱包。于本水拣起来一看，正是自己丢的，想必是偷钱包的人害怕了，将钱包扔到了地上。

钱包失而复得，于本水紧张的心情才平复下来。如果不能找回钱包，他们一行不仅身份不明，组织关系接不上，连饭都吃不上，根本无法在沈阳生存。

一场虚惊后，他们终于到了112厂，住进工厂安排的宿舍。于本水四处一看，环境脏乱差，臭虫满屋爬。

宿舍条件很差，生产条件也好不到哪儿去。112厂主要生产米格飞机，尽管国家重视，但工人们的生活还是得不到保障。听当地人说，沈阳北面有个北陵公园，工人们下班后就到公园里摘树叶，回家以后当饭吃，低处的叶子摘完了，他们就自制工具摘高处的叶子。即使在这种困难的条件下，全厂技术人员工人和五院驻厂工作组仍尽全力仿制生产“543”。

五院人员到112厂的身份是总设计师代表，总组长是二室副主任杨国华，于本水是他领导下的一

1965年，型号总体组组长们合影（中为于本水）

个组长。二室政委程荣之，到沈阳慰问了下厂人员。

112厂第一设计科负责处理飞机技术问题。为导弹仿制，成立了第二设计科，科长是王京涛，二室副主任、五院驻厂工作组总组长杨国华作为王京涛的副手，人员调配实行五院人员和工厂技术人员混合编组。大家都刚从学校毕业，对导弹生产过程不熟悉。虽然于本水学过导弹专业知识，也到苏联的导弹生产厂实习过，但那毕竟是学生时代的实习。此次下厂则可深入实际，掌握实际生产过程和总装知识。

于本水被编到动力组，该组负责油箱和供油系统的生产。于本水他们下厂，代表总设计师，其任务之一是处理生产中出现的超差、代料问题。例如，某零件厚度为1.5毫米，按技术要求规定，其公差为正负0.01毫米，而工厂生产出的产品厚度公差超过技术要求，为0.02毫米，即为“超差”，这就要求设计师出面解决和决策超差件如何处理。这是很难决策的事情，是通过验收还是拒收，设计师握有“生杀大权”，需要严肃而谨慎地加以处理。再如，苏联方面在导弹某一舱段，使用的材料是某个牌号，而中国没有这种材料，就需要找一种和其性能接近的材料代替，这就要求设计师全面研究替代材料的性能，以确定能否使用替代材料。

20世纪60年代，我国基础科学研究处于比较落后的阶段，很多导弹结构材料还没有研制出来，需要从苏联进口。最典型的要数弹翼和四舱，其材料是镁合金，需从苏联进口，加工过程也比较复杂。加工完成后的导弹部件的价格接近黄金价格。此外，导弹中所用的不锈钢、尾翼大梁等也要从苏联进口，尾翼大梁材料为30CrMnSi合金钢。于本水在苏联学习“金相学”课程时，苏联教授曾反复提过这个牌号。材料受制于人，我国导弹研制条件之困难可想而知。

从工艺角度说，生产“543”导弹，需要用到许多不同的工艺。如氩弧焊、滚焊等工艺，操作人员都是第一次接触，而生产导弹不懂这些工艺，寸步难行。

对此问题，在于本水他们刚下厂时，心中也有过疑惑：搞总体工作的人员下厂学习工艺，是否多此一举？经过一段时间的下厂，大家感觉到导弹总体人员必须懂工艺，不懂导弹工艺就设计不出好产品。只有掌握了这些知识，导弹总体人员才更有发言权。下厂工作这一年，于本水觉得自己像是接受了战斗洗礼，学到了很多知识。

从那以后，只要车间进行氩弧焊或其他重要工艺操作，于本水他们一定会到现场观看工人们的操作方法和流程。身怀绝技的工人真不少，有个中专毕业的女工艺员小杨，因出色掌握了特种焊接技术，还当选了全国劳动模范。

3. 吃透“543”，反设计“543”

对“543”导弹的关键技术进行深入研究，是五院首当其冲的一项任务。实事求是地说，“543”应用了很多新技术，有多项创新。苏联第二设计局在其研制过程中解决了很多关键技术。以推进剂贮箱为例，“543”的最大机动能力为 $8g$，当导弹机动时，推进剂贮箱里的推进剂就会晃动，从而导致吸收装置吸不到推进剂，发动机随之熄火，导弹也因无动力而失败。第二设计局发明了一种浮动吸油器，该吸油器随液面运动，可以保证一直能吸到推进剂。再如，导弹一、二级分离，四个爆炸螺栓同时起爆难度很大，经常是一级脱落时的干扰力导致二级的扰动运动，严重时会导致导弹飞行失败。第二设计局发明了“卡钩+镁带连接”方案，即二级发动机点火时将四根镁带烧断，卡钩随之脱落，分离效果很好。这是一项非常好的发明。国内有的导弹的级间连接开始也用四个爆炸螺栓，分离总是不理想，后来想到向“543”学习，改用“卡钩+镁带连接”方案后，分离就变得特别顺利。

还有高低空控制机动问题。“543”导弹飞行高度从3千米到22千米，3千米高度时1度舵偏角可产生很大的过载，而22千米高度时的空气密度只有3千米高度时的1/14，1度舵偏角产生的过载很小。如何解决这个问题呢？由于没有弹上计算机，于本水的老师托马雪维奇教授领导的团队发明了传速比变化机构，该机构可使舵机以相同行程在不同高度上产生不同的舵偏角。著名导弹总设计师格鲁申有句名言：牛顿定律比欧姆定律更可靠。即在各种干扰的情况下，机械机构比电子设备更加可靠，而上述传速比变化机构是一种机械电气结构。由于没有惯导设备，导弹前段安装有皮托管，也就是风速管。风速管根据测得的来流总压强和静压强获得动压强，随后将速压信号通过自动驾驶仪传给传速比变化机构，以解决高低空控制机动问题。

于本水同俄罗斯专家交谈时，俄罗斯专家常常会说：“美国人条件好，计算机发达，他们嚼着口香糖，看着计算机就把事儿干了，我们的计算机技术不如美国，但我们要用脑子工作。”于本水很赞同这个观点。苏联的第一个反导系统，只用了 1 台每秒 40 万次的 M40 计算机和 1 台每秒 50 万次的 M50 计算机，就实现了反导拦截试验。反导拦截试验中的计算量非常大，苏联专家将整个拦截的物理过程思考得很透彻，并在软件算法简化上下足了功夫。只有真正了解了反导拦截的物理实质才敢这么做，如果不清楚其物理实质，软件精简是不可能实现的，这就是俄罗斯人所谓的“用脑子工作”，同时也是他们在“543”上诸多发明创新的源泉。

还有一个问题长期困扰着中国导弹专家。“543”导弹（苏联导弹代号为 B-750，武器系统代号为 C-75）在主翼前面装有 4 个小前翼，大多数专家认为这是为了调节静稳定度，也有专家认为前移主翼就可以解决这个问题，没必要把问题复杂化，况且侧滑时，前翼还会产生滚转力矩。于本水读了《回忆格鲁申》一书才明白，原来 B-750 设计时装了两套舵面，前舵面控制一级 + 二级导弹机动，后舵面控制二级导弹机动。经过试验发现，前舵面偏转带来很大的滚转力矩，迫使设计师放弃了前舵面方案，但将其作为反操纵面保存了下来。

从实践中获得知识，使于本水受益终身。改革开放后，于本水与苏联防空导弹专家交流，其中，防空导弹系统 C-300V 总设计师、陆军电子系统总设计师叶菲列莫夫主张工程师应从熟练使用电烙铁开始，“火炬”设计局总设计师格鲁申不允许刚出校门的年轻工程师在前 3 年内使用 CAD 系统，而应自己建模解决问题，虽然这样做工作效率低，但易于让年轻设计师理解技术问题的物理实质。

五院开展的另一项重要工作，是组织工程设计人员对“543”进行反设计。苏联提供的导弹资料中只告诉我们是什么，至于为什么，我们不明白，因为他们没有提供方案设计资料，没有提供原理性的内容。

以导弹为例，首先要计算气动系数。依据当时的技术水平和计算机硬件水平，要想做到精确计算是不可能的，只能进行工程计算。工程设计人员手头的资料就是列别杰夫等著的《无人驾驶飞行器动力学》。这个资料开始在苏联是保密的，后来才公开出版发行。工程设计人员利用书中的公式进行气动计算，然后做成模型进行风洞试验。此外，还要进行质量、质心和转动惯量等的计算，还有弹道计算、外载荷计算、强度计算和大小回路分析等。

在“543”反设计过程中，于本水完成了导弹一、二级分离的反设计以及起飞质量和速度分配反设计。在“543”上，苏联已开展了对导弹的优化设计，但是比较简单。于本水留苏时的老师托马雪维奇就用微分方法，对导弹进行优化设计。利用老师所讲的微分方法，于本水得出了一、二级速度相等时比较合理，此时导弹质量最轻的结论。

于本水在进行反设计工作

4. 国防部五院改名七机部

1962年，国防部五院对型号任务进行调整，建立型号研究院，二分院由控制研究院转为地空导弹研究院。随即，对防空导弹研制体系进行整合、调整，将一分院二部的三个研究室整体划归二分院。同年5月30日，一分院二部于本水等接到调令，被调往二分院二部。命令下达后，很快开始执行，大家整理资料，准备搬家。因为大部分人都没有结婚，所谓搬家，就是一个人拎着一两个箱子，从东高地来到永定路。调整后，二部主任为吴展，政委是1932年参加革命的老红军高逐学。二部共有6个研究室，新成立的武器系统总体组隶属型号总体室，于本水任组长，张品青任副组长，全组39人，引信、战斗部都在本组。

二分院二部成立的时间可以追溯到1958年。1988年二部成立30周年部庆时，很多领导都发来了贺词，其中张爱萍书写的二部名称，至今仍镌刻在二部大楼的立柱上。曾在二部工作过的国务委员宋健题写了“高技术的先锋，开拓市场的尖兵”。

为了加快中国导弹事业的发展步伐，把科研和生产结合在一起，1964年年底，三届全国人大一次会议通过了以五院为基础，成立第七机械工业部的决议，统一管理导弹、运载火箭的研究、设计、试制、生产和基本建设。1965年1月，五院正式脱离军队系统，改名为第七机械工业部（简称七机部），部长为王秉璋。由于这次改革，五院全体人员集体转业。

为了打消大家的思想负担，五院政委刘有光给全体干部职工做思想工作，他诙谐地对大家说：“这回你们由军职人员变成政府官员了，中央接受苏联的教训，前期向苏联的模式学习而培养了高薪阶层，因此现在要减薪，要向老百姓、劳动人民看齐。”

5．“543”改进和“1028”会议

20世纪60年代初，聂荣瑧元帅做出指示：要仿出“543”，吃透“543”，改进“543”，就是要爬楼梯，循序渐进地进行防空导弹研制。历史证明，这是一条正确的道路。1963年至1964年，于本水所在的总体组开始了对“543”改进方案的论证。他们提出了两个改进方案：一是小改方案，称作“红旗二号”；二是大改方案，称作“红旗二号甲”，也就是后来的“红旗三号”。

刚开始，于本水所在的总体组将重点放在“红旗二号”方案上。“红旗二号”沿用了“红旗一号”的气动外形。“红旗一号”的战斗部和引信之间留有一部分空间，可将该空间改成贮箱以增加推进剂的重量，这样可增大导弹的作战距离。不过这种改进设计将引起一系列的论证、计算和试验，不仅只是增大贮箱就万事大吉了。站在导弹的角度看，“红旗二号”主要是将可用空间改成贮箱，气动外形保持不变。燃料和氧化剂靠涡轮泵实现供给，即用异丙基硝酸盐经过燃气发生器来推动涡轮带动泵工作，贮箱变化后，其供给系统也要做相应调整。导弹质量、质心发生了变化，其速度和作战高度改变，导弹控制回路也需做相应的改进设计。相比“红旗一号”，“红旗二号”的作战高度和作战距离有所进步。

1965年，“1028”会议在二院图书馆小礼堂召开，三机部副部长刘鼎、七机部副部长刘秉彦、二部副主任陈怀瑾等领导和专家，二部导弹总体室副主任于本水以及各分系统专家等、导弹各研制厂所相关人员到会，集中讨论对“红旗一号”的改进方案。会场气氛相当激烈，大有剑拔弩张之势。

会上，总装厂提出了小改方案，即采纳“红旗二号”方案。二院则提出大改方案，即采用“红旗二号甲”（后称“红旗三号”）方案。

首先，由王京涛和陈怀瑾分别就“小改”和“大改”两个方案进行了汇报，随后讨论。大家争论得很激烈，因为仿制工作在生产厂，生产厂对产品很熟悉，

三机部在这方面很有优势。但在技术深度方面，则是七机部占优势。两个领导发言带有火药味儿，空军机关代表似乎更倾向于三机部的方案，因为他们也在工厂跟产仿制，对三机部方案了解得更深入一些。

为了展示自己的实力，二院将做好的“红旗三号”模型遥测弹摆放在了小礼堂。会议最后也未讨论出结果，谁也说服不了谁，双方请国防科委副主任罗舜初做结论。因为涉及到国防科委和国防工办之间的关系，工业部门归国防工办管，研制部门归国防科委管，罗舜初最后拍板，干脆两家都搞。“红旗三号”以七机部为主，同时利用二院和上海的力量；“红旗二号”虽以工业部门为主，但武器总体和控制系统仍放在二院。

晚上起草会议纪要，七机部一方由陈怀瑾和于本水作代表，三机部一方由王京涛作代表。因为大家意见不一致，纪要“难产”，直至夜里 12 点，还未写出来。于本水他们开玩笑说，这都赶上华沙中美会谈啦。

最终，“红旗二号”以工业部门为主，“红旗三号”完全在二院内部闭合起来。因为二院在北京方面没有生产力量，因此将导弹生产仍放在上海，这是一个非常不协调的问题。由于历史原因，这些纪要后来没有留存下来。

6．“红旗三号”开启导弹创新之路

1964年3月，“美国之音”广播了一则消息：美国总统约翰逊答记者问时，透露美国研制出了一型新飞机A-11，该飞机的飞行速度达900米/秒，是声速的近3倍，而飞行高度更是高达30千米。同时一些杂志上还配有约翰逊所说飞机的图片等。

这个消息对我国导弹研制工作的影响很大，因为我们已经可以打下U-2飞机，但像约翰逊所说的这么高的速度和高度，再用“543”导弹去打，根本够不着。

于是，领导责成于本水所在的总体组加紧论证如何打掉A-11新型飞机。这件事情不但惊动了中国，还惊动了苏联。苏联也研究了这个问题，苏联防空军司令苏捷兹在回答《消息报》记者时，斩钉截铁地说：“A-11飞机就是苏联防空导弹的靶标，苏方一定能将其打掉。”

后来的事实证明，这是美方摆了“乌龙”，是约翰逊的口误，A-11飞机根本不存在，倒是有A-12飞机真的存在。在越南战争中，美国就使用过A-12飞机，C-75防空导弹打过它，但没能打下来。根据苏美两国公布的材料，脱靶量都很大，有一次虽在飞机右翼上打出两个窟窿，但飞机还是安全地飞回了美军机场。

为了论证A-12飞机能否飞到30千米高度，于本水特地让杨存富到哈军工飞机发动机教研室了解发动机的相关情况。杨存富技术基础扎实，工作能力强，任劳任怨，为空天防御事业做出了重要贡献。“文化大革命”初期，一些人批判他是于本水的“三尖子”之首。

所谓“三尖子”，就是于本水领导下的三个得力干将：杨存富、杨安生和方松柏，他们三人的业务能力都很强。作为直接领导，于本水深知他们各自的长处，很善于发挥他们的能力，然而却遭到批判，说他走尖子路线，被归结为修正主义

路线。为此，于本水没少做检查，却总是通不过。他想不通，不认为自己重用尖子有什么错，加上他不服输的性格，就一直这么僵持着。为此，二部书记王韬专门到他家做思想工作，帮着他分析问题，舒缓情绪，最后总算过了关。

当杨存富走到哈军工大门口时，警卫“啪”地一声，两脚一并，给他敬了一个礼，冷不丁地把他吓了一跳，接着一句问话又让他紧张了一下：“都换季了，你怎么还戴单帽？”当时，五院还没有脱离军队系统，科研人员还是军人身份。一到哈军工就被“纠察”，杨存富对此次北国之行印象深刻。从哈军工回来后，杨存富领着设计师加紧计算飞机是否能飞到 30 千米高。在 30 千米高度，空气很稀薄，发动机可吸入的空气量非常有限，飞机飞行高度达到 30 千米确实很困难。论证结果表明，飞机最多能飞到 26 ~ 27 千米。后来的事实也证明了这一点。1995 年，杨存富访问美国时，见到了这种飞机。面对这个“老相识”，他形容其“看起来也不过如此”。

A-12 飞机是美国高空侦察机 SR-71 的前身。后来随着美军 SR-71 高空侦察机投入使用，防空导弹总体组的目标也随之转向了 SR-71 高空侦察机。

1964 年，SR-71 高空侦察机在加利福尼亚州开始试飞，最后成为第九战略侦察联队的专用侦察机，单架飞机每小时的侦察面积可达 15.5 万平方千米。后来这种飞机被运到了日本嘉手那空军基地，主要用于针对中国和越南的侦察活动。

“红旗三号”的目标很明确，就是打美国的 SR-71 高空侦察机，所定的技术指标也是针对 SR-71 高空侦察机。二院的方案围绕这些指标开始论证。

在研制“红旗三号”时，二院的体制改革也在同步进行。1965 年，二院院长张怀忠少将到二部蹲点。他对总体部的组织形式提出一个新意见：总体部在行政级别上比各厂所高半级，总体部有召集各厂所开会的权利，具有半机关性质。因为是军人出身，张怀忠很重视参谋部的作用，他认为总体部就是二院的参谋部。在这个时期，二部的领导也做了调整，二院副院长蔡金涛兼二部主任，同时调来二院科技部副部长陈铮任第一副主任、党委副书记，原二部主任吴展任副主任。

在于本水所在的总体组开展“红旗三号”导弹方案论证时，张怀忠前来视察工作。他对型号论证工作提出了一个新思路——“两上两下”法，其含义是各厂所将各自的意见都汇聚到总体部，总体部集中起来做初步方案，之后送到各厂所研究、提出修改意见，再返回总体部进行集中修改；总体部将完善后的方案送各厂所执行。这其实是主张用群众路线的办法，集智攻关，完成导弹总体方案。

经过一段时间的紧张工作，于本水带领大家完成了“红旗三号”总体方案论证，实现了三个方面的创新。

第一个创新是采用推力调节方案，主要由于本水和发动机专家李效家负责。当时的防空导弹采用主动段拦截，于本水认为，如像“红旗二号”那样平均推力很大的话，主动段飞行不到 42 千米，因此需要采用推力调节。他们从弹道和技术实现方面进行论证，使导弹速度特性得到了明显改善，平均速度和末速度得到了比较满意的结果。发动机研制则由上海的一个研究所完成。这是中国第一次在导弹上采用推力调节技术，没有任何国外资料可供借鉴。

第二个创新是关于战斗部引信配合技术。战斗部设计师通过以往的研制经验认识到，弹目相对速度很大时，“红旗一号”那样的战斗部起爆杀伤概率会降低，因此他们决定采用战斗部三点起爆调节方案。此项方案的主要贡献归功于引战专家张志鸿和张忠荣等人，正是他们通过研究提出了这个方案。这也是一个创新，是二院第一次掌握变飞散角起爆战斗部的技术。

第三个创新是从“红旗三号”研制伊始，开始采取大弹翼方案。然而，大弹翼生产起来很困难。于本水和杨安生商量，能不能用原来的“红旗一号”弹翼，因为他们从直觉上感到弹翼小了，阻力也随之减小，速度则可以增大，而用增加速压头和调舵偏角的办法弥补可用过载的降低。经过一段时间的研究，他们觉得这个方案是可行的。

此外，“红旗三号”有一个特点，它的静稳定度在攻角较大时呈非线性，于本水和二部主任吴展去三院找到空气动力学专家庄逢甘咨询此事。庄逢甘给出的建议是影响不大。后来主要通过控制系统来解决静稳定度的非线性问题。于本水带领设计师提出利用增大速度和稍微增大攻角的办法来弥补减小弹翼引起的问题，最终将大弹翼改为了“红旗一号”

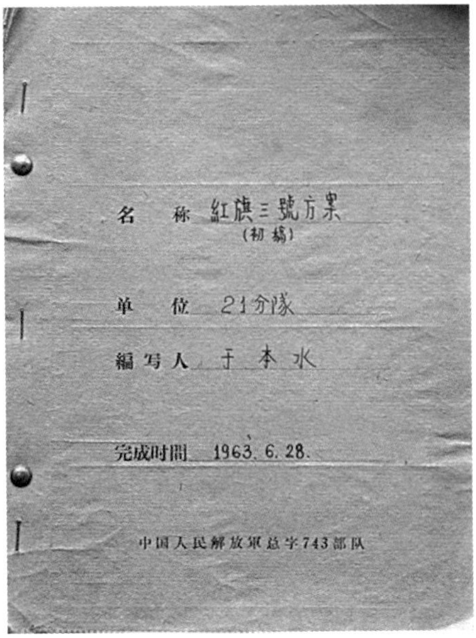
名　称　红旗三號方案
（初稿）
单　位　21分隊
編写人　于本水
完成时間　1963.6.28.
中国人民解放軍总字743部队

于本水撰写的《红旗三号方案》报告

批生产导弹的弹翼，同时保证了导弹的机动性。

7.“文革”中坚持科研工作

1965年，“红旗三号”开始在上海的工厂生产。因为要处理生产总装测试中的问题，二院向上海派了一个工作组，于本水任工作组组长。工作组下面细分了总体、控制、遥测和发射等专业组。当时导弹专业分工并不完全合理，导弹结构设计工作在上海，总体设计工作在北京的二部，两地分家，容易产生协调问题。

在一次试验中，由于相关部门未按规定程序操作，致使地面试验出现了问题。在于本水的主持下，两方坐下来讨论分析问题，有的同志情绪比较激动，说了一些过激的话。于本水知道大家都是从工作出发，谁都不是为了个人私利，于是尽力做双方的工作。他对争论不休的同志说，问题出来了并不可怕，重要的是找到解决问题的方法。

这一番话入情入理，与会人员不再多言，而是冷静下来，客观分析事故原因，终于找到了问题所在，采取了相应措施，在其后的试验中取得了成功。作为工作组组长的于本水，在关键时刻发挥了把握大局的作用，显示了他的决策能力。

1966 年 5 月，“文化大革命”爆发后，全国陷入一片混乱，上海是重灾区。于本水等设计师的工作更加艰难，原来的驻地——中山南二路 969 号 06 办事处招待所不允许住了，要凭介绍信找其他旅馆。1967 年 1 月，“红旗三号”进某试验基地打靶时，正逢上海“一月风暴”，全国各地刮起了夺权之风，大动乱的局面更加严重。在上海的于本水一行人，连旅馆都不能住了，只好借住在上海机电二局机关办公室，睡行军床，窗帘都拉不严，窗户处在半开状态，冷风飕飕，无法入睡，他们便跑到九江路，喝碗咖喱牛肉汤，跑步上楼，用棉袄盖住头部，总算渡过了寒冷的夜晚。

任务结束返京时，火车开到安徽宿县，赶上两派武斗，火车停了一天一夜。车上没吃没喝，老百姓一碗水卖一角钱。于本水饿得实在没有办法，就吃几块饼干充饥，那本来是买给孩子的礼物。

8.“红旗三号”曲折研制路

1965 年年底，“红旗三号”模型遥测弹生产完毕，计划到试验基地进行模型弹试验。于本水他们先坐火车到中转地区，晚上就住在此地的接待站。寒冬腊月，气温很低，接待站的钢床只有一个毡垫，很多人冻得直发抖。第二天，在中转地区换乘专用机车，才到了试验基地。

一望无际的戈壁滩，除了沙子石砾，就是星星点点散布四周的骆驼草。骆驼草夏天头顶骄阳酷暑，冬天抵御冰雪风霜，日复一日，年复一年，在恶劣的自然环境中生根、发芽，为荒凉的戈壁滩点缀一些绿色，其顽强的生命力令人敬佩。这些从事导弹事业的人，如同骆驼草一样，年复一年，一代又一代，为国防安全铸剑圆梦。

当地很穷，到了五六月份，有的女孩子还没有单衣可更换，只能穿着棉袄出门。基地条件也不好，住的都是干打垒的房子。最苦的是上厕所，厕所在屋子外边，当时正值隆冬时节，滴水成冰，气温经常在零下30度左右，城里人第一次到这里，连上厕所都成了需要勇气的事情。于本水从小生活在东北，倒没觉得这算什么事。

他们在那儿过的春节。试验基地所在地区自然环境本来就很恶劣，尤其是冬季，地里长不出粮食、蔬菜。交通又不便利，就算从南方运菜过来也很困难。基地的炊事员厨艺不错，总是想方设法就地取材，做出一些新花样，调剂大家的口味，以最大程度地保证大家的营养。有个炊事员是四川人，经常做些鸡蛋炒饭，擀点儿面片，放点儿黄花菜和辣椒，做成面片汤，给大家调剂伙食。

试验队由两地人员组成，北京和上海各有20多人，规模较大。院领导高度重视此次试验，副院长蔡金涛和二部副主任陈铮等都亲自到了现场。

第一次“红旗三号”模型弹试验很成功，整个试验队兴高采烈。根据当时的技术条件和生产水平，按照科学试验规律，本着由简到繁、循序推进的原则，最初拟按照五个试验阶段、发射数十发导弹的程序严格执行。但是，在那个特殊年代，加上首次模型遥测弹试验获得了成功，有些领导同志就开始急功近利，认为这一程序步子太慢，不符合“设计革命”的要求。不久，“红旗三号”的研制程序就被改为在模型遥测弹后，直接打闭合回路弹，企图绕过独立回路弹阶段。

上海的生产力量很强，很快就完成了闭合回路弹的总装。1966年5月，进行闭合回路飞行试验。

没想到导弹发射后不久，即因折断而告失败。大家灰溜溜地回到驻地，饭也吃不下，尤其是看到别的单位试验成功，敲锣打鼓地庆祝，而自己的试验却失败了，心里很难受。

不按照科学规律办事，终究要付出代价。研制团队冷静下来，理性、客观、科学地进行分析，最终决定重新回到独立回路弹试验上。

转到独立回路弹阶段后，研制团队继续摸索导弹规律。为了增大攻角，和“红旗一号”相比，舵面的外形和面积都已改变。而设计师队伍对此问题认识不足，因此发生了反操纵问题，闭合回路弹折戟沉沙的原因即在于此。正常情况下，舵面压心应位于舵轴后面。当舵偏转时，舵面产生与控制力矩相反的力矩，此为正操纵。反之，若舵面压心在舵轴前面，则称为反操纵。“红旗三号”使用的是气压舵机。气压舵机的特性是比较软，刚度较差，舵机抗反操纵能力很低。打起舵面后，导弹立刻就会翻跟头，甚至折断。

回到上海后，于本水等人反复进行深入分析，寻求解决问题的办法，并进行仿真试验，最终认识到气压舵机的反操纵是故障问题所在。通过这件事，大家对反操纵问题的认识进一步加深。在这次分析中，杨存富做出了很大贡献。

从此，设计师队伍深刻认识到，舵面设计不好，很容易引起故障，甚至会导致导弹飞行失败。

后来再进试验基地打靶时，准备了两套舵轴位置不同的舵面。正是因为故障原因分析得很透彻，独立回路弹试验顺利通过。通过这件事使大家认识到，在研制过程中，设计师队伍正确认识导弹特性，是个循序渐进的过程。最后，导弹总体组得出的结论是：在使用气压舵机的条件下，允许出现一点反操纵问题，但问题太大了则不行，因为气压舵机抗反操纵能力比较差，电动舵机相对较好，液压舵机最好。当年防空导弹用的都是冷气压舵机，后来才有燃气、电动和液压舵机等，抗反操纵能力逐步增强。

“文化大革命”开始后，军管会进驻二院。于本水带领的“红旗三号”研制队伍没有被社会上的混乱状况影响，始终坚持开展技术工作。

为了保障“红旗三号”的研制进度，二部将“红旗三号”研制队伍编成“红三排”。1968 年,《人民日报》发表了题为《工人阶级必须领导一切》的文章，二院传达了毛泽东的最新指示。于是，大批“工宣队”进驻上层建筑领域，担任领导职务，掌握了相当大的权力。在这种时代背景下，连于本水他们的研制队伍“红三排”，都得由工人阶级来领导，排长是车间的李师傅，班长也都是工人，技术人员则担任各个级别的副职。于本水是副排长，还有一个副排长是四室副主任曲成义。排长李师傅是一个老实、本分的工人，对知识分子十分尊重，和他们两个副排长相处融洽，使“红旗三号”研制和飞行试验、分析工作进展顺利。

1969 年，中央做出决定，确定二院负责防御武器研究，把“红旗三号”研制工作和所有防空导弹资料移交给上海机电二局。于是，1969 年四季度，二院停止了“红旗三号”研制工作。此时“红旗三号”已经到了闭合回路试验阶段，而且每次试验都相当成功。按照中央的决策，二院将“红旗一号”“红旗二号”“红旗三号”所有导弹资料都交给了上海，部分“红旗三号”研制队伍也调到了上海工作。

“红旗三号”研制工作转至上海后，在上海机电二局的主持下，又经过一段时期的研制，到了定型飞行试验阶段，需要打超声速靶机，为此专门研制了“图强 -1 号”超声速靶机，其定型试验获得圆满成功。“红旗三号”在 20 世纪 70 年代末定型并开始装备部队，成为我国第一型具有拦截 SR-71 高空侦察机能力的防空导弹。

至此，“红旗三号”研制、试验工作走完了全过程，标志着中国科技队伍已具备自行设计、制造、试验防空导弹武器系统的能力。

红旗三号导弹

于本水

于本水院士传记

Academician Yu Benshui's Biography

第五章

近快战法 击落U-2创奇迹

U-2飞机频频入侵，于本水带领型号总体组，和空军指战员一起，创造出一套“近快战法”，使“543”导弹部队一举击落了善于机动逃逸的U-2高空侦察机。

“近快战法”是于本水等航天科研人员与我国空军地空导弹部队官兵在20世纪60年代科研生涯中浓墨重彩的一笔。

20世纪50年代末至60年代，美蒋勾结，由美国提供飞机，台湾蒋介石集团提供飞行员和基地，使用高空侦察机对中国大陆进行侦察，企图获取中国的战略情报，尤其是中国的核武器、导弹和卫星研制、生产和试验情报。为了打击敌人的高空侦察，空军地空导弹部队和航天科研人员一起，与敌斗智斗勇，运用“近快战法”，给敌人以重创，迫使他们最终停止了对中国大陆的侦察。

1978年3月，中共中央、国务院在北京隆重召开全国科学大会。这次大会是中国科技发展史上一次具有里程碑意义的盛会，邓小平在会上提出“科学技术是生产力”的著名论断，对国家长远发展具有十分重要的意义。会上，“近快战法”获得了全国科学大会奖。

1. 地空导弹部队应运而生

新中国成立后，国际形势发生了巨变，世界上形成了两大阵营。一个是以苏联为首的社会主义阵营，一个是以美国为首的西方资本主义阵营。美国把中国当成主要对手加以防范和打压。为此，获取中国大陆战略情报，就成为美国战略的一个重要组成部分。

当时，能对付 20 千米以上高空侦察机的最好武器是地空导弹，但中国还没有这种武器。曾任防空军司令员的杨成武上将率团参观苏联在远东军区组织的军事演习时，注意到一种新式的防空武器——苏联空军装备的最先进的 C-75 型地空导弹。从苏联归来，杨成武主张中国引进这种新型的防空武器，尽快组建地空导弹部队，打击敌人的高空侦察。

中苏《国防新技术协定》中，苏联同意向中国销售 C-75 型地空导弹武器系统，北约称此导弹代号为 SAM-2。第一批先提供 5 套武器系统，36 发导弹。其中 5 套武器系统中的 3 套用于装备作战部队，1 套用于科研，1 套用于训练。

1958 年 6 月，中央军委做出决定，由空军组建地空导弹部队，先后成立两个营。出于保密和工作联系方便考虑，国防科委下发通知，规定了导弹各种型号代号，以供军内使用，其中地空导弹武器被称为“543”武器，地空导弹部队被称作“543”部队。

由于中央和空军的重视，从雷达部队、高炮部队、航空兵部队机务人员中挑选出骨干人员，组成“543”部队，经过一年的正规训练，正确掌握了地空导弹装备的使用。1959 年 9 月初，即担负起北京的防空作战任务。

2. 首次击落 U-2 飞机

从 1960 年开始，根据中央统一部署，一批又一批科技精英隐姓埋名，云集大西北，开始着手建立中国自己的尖端武器——导弹、原子弹试验基地。

美国急于了解中国发展尖端武器的进展情况，派出了 B-17、RB-57D、P-2V 等各种侦察机侵入我国领空，均先后被我空军击毁。随后，他们又利用台湾空军飞行员驾驶 U-2 高空侦察机，深入中国大陆内地照相侦察，妄图搜集我军事工业设施、军事部署等情报。

1960年，台湾当局从美国那里接收了U-2高空侦察机，又挑选出飞行技术好、飞行时间长、具有空中侦察经验的飞行员，组成“第35气象侦察中队”，该中队实为美国情报机构控制的一个战略侦察中队，因其队徽是红色底漆加一个黑猫头，所以又被称为“黑猫中队”。

作为一种高空间谍侦察机，U-2飞机有两个特点：一是飞得高，它的实用升限为22870米，比RB-57D还高出2870米，这个高度不仅超过了当时世界上任何一种歼击机的飞行高度，甚至超过了一般地空导弹的作战高度。因此，U-2飞机曾一度被认为是不可能被击落的；二是谍报本领强，它不仅可进行照相侦察，还可进行电子侦察，它装有一台73-B巨型航空摄影机，如果在20千米的高度以飞行速度每小时800千米计算，续航时间为8小时，最大航程7000千米，那么它出动一次就可侦察96万平方千米的面积，所拍出的照片不仅清晰，而且具有立体感。此外，U-2飞机还可以分解、组装。

从1962年1月起，“黑猫中队”开始进入大陆窜扰侦察，在半年时间里，U-2飞机对大陆的侦察飞行达11架次之多，每次都从台湾桃园机场起飞，肆无忌惮地经福建、江西深入到陕西、甘肃、内蒙古等地，刺探我军事部署、靶场建设和尖端武器试验情报。除新疆、西藏外，其航迹几乎遍及中国大陆地区。

当时我国能用于对付U-2飞机的武器只有从苏联引进的“543”导弹，而掌握此种尖端武器的，只有区区几个导弹营。“543”部队在北京“守株待兔”几次未果后，空军司令员刘亚楼很快识破了敌人的花招。他打破常规，建议选择新的作战地点，让一个营进行机动作战，在U-2飞机经常活动的航路上机动设伏。

1962年9月9日6时许，一架U-2飞机从台湾桃园机场起飞，7时32分由平潭岛上空进入大陆，经福州、南平沿鹰厦铁路上空北进。空军司令员刘亚楼给地空导弹二营营长岳振华下令：“把它打下来！”当敌机进入我火力范围时，我军突开天线捕捉目标，连续发射3发导弹，一举将其击落。国民党中校飞行员陈怀生身中弹片死亡。

这是我国击落的第一架U-2飞机。周恩来总理第一个打电话祝贺说：“这是一个伟大的胜利，美U-2飞机前几天侵入苏联，他们只提了抗议，我们把这种飞机打掉了。”第二天，《人民日报》《解放军报》等各大报纸，都在第一版刊登了新华社的消息，并发表评论。15日，首都各界一万多人在人民大会堂举行盛大集会，庆祝击落U-2飞机的重大胜利。当时美国U-2飞机在世界上一些国家的活动相当猖獗，此次被中国空军击落的消息也震动了世界。在一次记者招待会上，面对外国记者接连追问“中国是如何打下U-2飞机的”，外交部长陈毅元帅幽默地回答：“我们是用竹竿把它捅下来的。”

首次击落U-2飞机，毛泽东主席听岳振华作战斗经过汇报后，手一挥说：“打下一架飞机，就给他肩上加一颗星。”后来，连续击落3架敌机的岳振华果然成为了中国军队里一位特殊的“大校营长”。

3. 承担抗U-2机动光荣使命

听到U-2飞机第一次被击落的消息，于本水和大家一样，欢欣鼓舞，沉浸在胜利的喜悦中。他们也深知，敌人是不会甘心失败的，一定会卷土重来。

U-2 飞机被击落后，为了对付我国地空导弹装备，美国在飞机上安装了代号为“9系统”的电子侦察接收报警系统。该侦察接收报警系统能接收我方雷达信号，并进行识别和报警，一旦接收和识别出“543”导弹系统的雷达站开机，敌方侦察接收报警系统便会报警，U-2 飞机则立刻机动，转弯逃走。

从 1963 年 1 月至 9 月，U-2 飞机又先后 17 次深入我国内地侦察，“543”导弹多次发射未能命中，敌方飞机进行机动改变航向而摆脱了我方导弹的攻击。

1963 年 3 月 28 日，一架 U-2 飞机利用雷达告警器逃避了地空导弹四营的打击。事后，我军技术人员分析认为，部队在战斗指挥操作上没有问题，可能是敌 U-2 飞机上装了能发现“543”制导雷达辐射电磁波的仪器设备，能即时测定和显示地空导弹营的位置。我防空导弹制导雷达一开机，U-2 飞机立刻盘旋机动。由于苏联方面没有给出“543”导弹拦截机动目标的杀伤区，只能按照直线飞行的发射区发射导弹，飞机一转弯就飞走了，防空导弹发生脱靶。此外，U-2 飞机还采用了干扰措施，使我方雷达不能跟踪目标。

在之后的半年内，3 架次的 U-2 飞机在我地空导弹部队设伏的情况下，靠飞“8”字、“U”字、“S”字，几度逃出火力网。因此，要打掉 U-2 飞机，从技术角度来说有两个方案：一是抗 U-2 机动，二是抗 U-2 干扰，这些都是二分院的工作。抗干扰部分的工作主要由二部的路平和 23 所的张履谦等同志会同 786 厂解决相应问题；抗 U-2 机动研究的具体任务，就交给了于本水所在的型号总体组。

1963 年，空军司令部正式向五院提出，要求五院帮助研究解决抗 U-2 机动问题。因为防空导弹的总体在二分院，五院就要求二分院解决这个问题。二分院最终将任务下达到二部一室由于本水任组长的型号总体组。

1965年，五院二分院二部一室型号总体组成员合影（前排右三为于本水）

4. 精心策划“系统工程”

经二分院和空军同志多次讨论，最后形成了一个总方案，主要内容为：第一，将发射区尽可能拉近，一旦飞机进入不可逃逸的发射区，只要发射导弹，就不让U-2飞机逃出导弹杀伤区；第二，采取佯攻，因为当时全国有3个防空导弹营，3个营打游击，放在敌机进来的路线上。我方把3个防空导弹营摆好，其中主攻营隐藏起来，其他两个营雷达开机，诱使U-2飞机向主攻营方向飞。主攻营用松-9雷达监视U-2飞机。

于本水认为，尽管总方案是和空军一起讨论的，但在实际中是不是能用、可行与否，反机动目标的发射区、杀伤区与原有的不同，其具体参数如何确定，这些都需要从技术层面进行研究并给予解答，这项任务必须由二分院二部的同志完成。即根据导弹导引方法、导弹速度特性、机动能力和U-2飞机速度特性及机动能力，研究确定导弹最远拦截边界和最近拦截边界，制导精度，引信、战斗部配合和杀伤概率，以及目标机动条件下杀伤区和发射区等。于本水认识到这项工作很复杂，涉及的专业面很广，是一项“系统工程”，因此，他对项目进行了精心策划，并率领课题组成员张品青、张志鸿等进行技术攻关。于本水作为课题负责人，对课题任务和人员分工进行了详细分解。

第一，为摸清 U-2 飞机的特性，对 U-2 飞机进行了反设计和研究。后来提交的报告中有一章“U-2 飞机简介”，将 U-2 飞机的特性描述得很清楚，其中包括 U-2 飞机的速度特性、机动能力、结构情况和要害部位等。

第二，计算导弹弹道，即计算 U-2 飞机的机动轨迹和导弹弹道。

第三，研究 U-2 飞机机动对制导精度的影响。

第四，计算杀伤概率。其中，导弹的高空稳定性分析交给二室的同志完成，杀伤概率计算工作由一室张志鸿等同志完成。

第五，进行综合分析，给出杀伤区和发射区，由于本水等同志完成。

1963 年 12 月 5 日，《关于用 543 导弹攻击 U-2 型飞机问题》的科学技术报告成稿，于本水为课题总负责人和主要参加人。1964 年 1 月，该报告由二部副主任何午山最后审核并评定：“该报告对 543 作战使用实施方案具有实际指导意义，已为空军所采

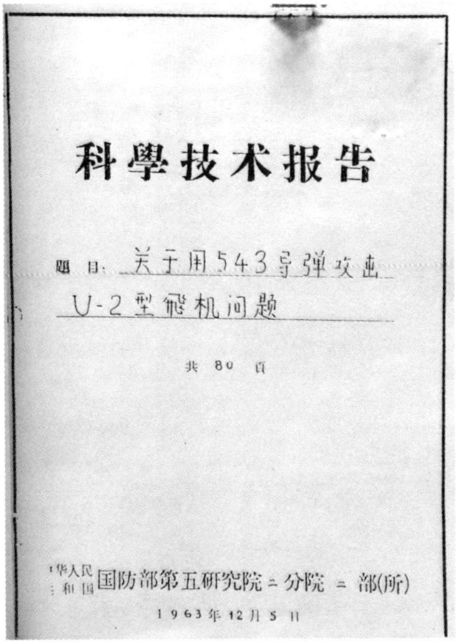
科學技术报告

題目：关于用543导弹攻击U-2型飛机问题

共 80 頁

华人民和国 国防部第五研究院二分院二部(所)

1963年12月5日

《关于用543导弹攻击 U-2型飞机问题》的科学技术报告封面

用，同意评为一等。”

5.“近快战法”击落机动 U-2飞机

将目标和导弹参数准备好后，研究人员用三点法或半前置点法计算出弹道，二分院五支队（现706所）的部分同志也参加了弹道计算工作。算完弹道之后，再将结果送二室，由二室对导弹制导精度和高空稳定性进行分析，而后由导弹总体组计算杀伤概率。

张志鸿在单发导弹杀伤概率计算方面，做出了重要贡献。总体部成立5年来，他第一次给出了“543”导弹单发导弹杀伤概率数据。此后50多年，他成为我国防空导弹引战配合和单发杀伤概率领域最著名的专家。于本水和黄清泉对导弹的杀伤区和发射区进行了综合分析。因为部队需要用计算尺计算发射区，由沈明益、陈训达等设计，由二部模样车间生产出针对机动目标的“543”导弹作战计算尺。

为让空军尽快打掉机动的U-2飞机，二分院10号大楼彻夜灯火通明。一群年轻人斗志昂扬，昼夜奋战。领导看他们太辛苦，劝大家休息，但没有人愿意放下自己手头的工作回家。食堂炊事员也是加班加点，每天夜里12点，准时给大家送来热气腾腾的面条，为大家“加油”。

就这样，单位领导、技术人员、车间工人和后勤人员，心往一处想，劲往一处使，一门心思扑在科研攻关上。

经过几个月的艰难攻关，二部形成了一套系统的作战方案——“近快战法”。空军地空导弹部队更是摩拳擦掌，跃跃欲试，等待下一次敌机来犯时，用新战法一试身手。

机会终于来了。1963年11月1日7时23分，一架U-2飞机由台湾桃园机场起飞，经温州进入大陆，侧飞西北。随着二营营长岳振华一声“发射”！从开天线到发射导弹，共用8秒时间将敌机击落。

用“543”导弹（以及后来的“红旗二号”）打掉机动U-2飞机的方法，有了一个专用名称——近快战法。

二部副主任何午山和型号总体组的王泽厚、陆

被击落的U-2飞机残骸

康祖等赶赴现场，实地看到U-2飞机残骸，内心无比激动，二院付出的心血和辛苦没有白费。

20世纪90年代，中央新闻纪录电影制片厂联合空军拍摄8集纪录片《决战云端》，讲述了20世纪60年代地空导弹部队打U-2飞机的历史。于本水和张志鸿应邀在片中各讲了一段话，介绍这段工作经历。同时，通过演员表演，展现了于本水和张志鸿等一批年轻人的工作情况。这部片子原本准备在当年的八一建军节放映，后经中央军委审查，鉴于当时的特殊情况，最终没有公开放映。

6. “近快战法”屡立战功

此次战斗后，“近快战法”向地空导弹部队推广开来。在U-2飞机第二次被打下来之后，敌方也在飞机上做了进一步改装。他们在飞机上安装了更加先进的名为“12系统”的电子侦察接收报警系统，能更加准确地识别“543”制导雷达。二营指战员在福建漳州地区设伏，继续苦练本领，进一步压缩“543”制导雷达的开机时间。

1964年7月7日，美蒋两架U-2高空侦察机和1架“RF-101”低空侦察机同时入窜。中午时分，U-2飞机飞临漳州地区。空军地空导弹二营运用“近快战法”，在距我阵地32.5千米时打开天线，引导技师和跟踪员密切协同，仅用3分钟时间即完成了发射前一系列的指挥与操作。岳振华随即命令发射3发导弹，第三发导弹在29.5千米处与敌机遭遇，将其击落于漳州市东南7千米的红板村。这是第三次击落U-2飞机。值得一提的是，这次是由国民党空军有“头号王牌”之称的少校飞行员李南屏驾驶飞机，他曾12次驾驶U-2飞机侦察大陆并安然逃脱，这次却机毁人亡。

击落3架U-2飞机，实在是令人振奋的消息。此后很长时间，U-2飞机未敢露面。7月23日，毛泽东、刘少奇、周恩来、朱德、彭真、李先念等党和国家领导人在人民大会堂接见地空导弹二营全体官兵。毛泽东对刘亚楼司令员风趣地说："美蒋就那么几架 U-2 飞机，做个计划，不够我们打的嘛！"

在打掉机动 U-2 飞机之前，岳振华还曾到二部参加讨论，于本水专门给他讲了一次技术攻关结论。于本水跟岳振华仔细剖析技术难点，他说，从技术角度讲，打 U-2 飞机的工作应当包括四个部分：第一是打机动目标，特别是打高空机动目标。因为苏联原先给"543"导弹装定的目标飞机是沿直线飞行，而现在的 U-2 飞机却是呈机动飞行，所以现在的工作是解决打机动目标的杀伤概率和杀伤区问题。第二是提高作战高度，苏联原先给"543"导弹装定的目标飞机的最大作战高度为 22 千米，现将作战高度提高到 23 千米，研究在该高度飞行的导弹稳定性以及杀伤概率和杀伤区问题。第三是扩大航路捷径，或叫航向参数，其定义是导弹发射点距目标速度在地面投影线的距离。第四是如何提高作战的最大高低角。

1963 年年终总结时，该项目受到表扬，一些同志立功和受到通报表扬。于本水因工作出色，荣立三等功，奖品是一本《英华大辞典》。他至今还保存着这本辞典，因为这是他为打 U-2 飞机所付出心血的纪念和见证。

1964 年 10 月 16 日，中国第一颗原子弹在西部地区爆炸成功，美国和台湾当局都急于获取有关情报，在两个月的时间里，先后 11 次出动 U-2 飞机进入大陆侦察。

1965 年 1 月，一架 U-2 高空侦察机从山东海阳进入大陆，在 20 千米高度、以 750 千米的时速，经过黄骅、大同，飞向包头。当目标进入我方导弹火力范围时，设伏在包头市东南萨拉齐、负责这次攻击任务的地空导弹一营打开制导雷达发射机，立刻"抓住"了飞机，3 发导弹连发，U-2 飞机被击落，国民党空军少校飞行员张立义跳伞被俘。这是我空军地空导弹部队第四次击落 U-2 飞机，也是第一次在夜间击落敌机，地空导弹一营因此荣获一等功。

于本水同志在一九六三年工作中，获得优良成績，业経批准記三等功一次，特此頒发奬状。
中國人民解放軍总字[illegible]部队政治部
一九六四年二月九日

于本水荣立三等功奖状

从地空导弹部队频繁传来的捷报，让于本水他们格外自豪。

1967 年 9 月 8 日，国民党空军又一架 U-2 飞机窜入浙江嘉兴地区侦察，并向制导雷达施放角度偏频回答式干扰。在这次行动中，我军首次使用国产地空导弹——红旗二号，加上我国自行研制的照射体制制导雷达，成功地对抗了 U-2 飞机施放的回答式干扰，将第 5 架 U-2 飞机击落，飞行员毙命于舱内。

至此，中国人民解放军空军地空导弹部队共击落 5 架 U-2 飞机，数量创世界之最。从此以后，U-2 飞机再也不敢来大陆侵犯了。

正是于本水、张志鸿、张品青等专家的工作，使二部成为国内唯一一个以技术参加过实际战斗的导弹武器系统设计总体部。

1984 年 10 月 1 日，空军地空导弹部队组成的防空导弹方队参加国庆 35 周年阅兵，这是这支长期以来以“543”为代号的英雄部队第一次向民众和全世界公开亮相。当于本水从电视屏幕上看到这激动人心的一幕时，心潮澎湃，他为自己为保卫祖国领空贡献了一份力量而备感自豪。

于本水

于本水院士传记

Academician Yu Benshui's Biography

第六章

十年奋斗 防御研制攻尖端

十个春秋，十年奋斗，于本水转战防御武器研究，虽未修成正果，但埋下了希望的种子。若干年后，这粒种子生根发芽，硕果累累。

1964年2月，毛主席在中南海寓所接见钱学森、竺可桢、李四光时，对钱学森说道:“有矛必有盾。再厉害的东西总可以找到对付他的办法嘛。搞少数人，有饭吃，专门研究这个问题。5年不行，10年；10年不行，15年，总可以搞出来的。”钱学森回去后，传达了毛主席的指示，并迅速落实。七机部成立后，第二研究院很快便成立了研究机构，从事相关研究工作，被称为“某工程”。

1969年，中央做出任务调整，确定二院为防御总体研究院，专门从事“某工程”研究工作，二部成立了防御总体组，由于本水和赵福元牵头。自此，于本水的工作重心从“红旗三号”研制转入“某工程”。

在接下来的十多年时间里，于本水和大家一起花了大量心血，做了很多工作。随着世界局势的变化，以及国家工作重心开始转移到经济建设上来,1980年，“某工程”停止研制，完成了自身的历史使命。尽管该工程无果而终，但取得了一批重要研究成果，其中有些技术填补了国内空白，比如超高速导弹及相控阵雷达技术等，科研队伍也得到了很大锻炼，这对于中国导弹事业的发展具有积极意义。

1．“某工程”的来源

20 世纪 50 年代，国外出现了带核弹头的中、远程弹道导弹，这种继战略轰炸机之后的战略性进攻武器，是国土战略防空的一个新威胁。弹道导弹具有几个主要特点：首先，飞行速度快，洲际导弹全程飞行不过 30 ～ 40 分钟，中程导弹则不到 10 分钟，弹头再入速度可达每秒 5 ～ 7 千米，防御系统从发现目标、作出决策到击落目标的时间只有几分钟；其次，弹头的雷达散射截面只有飞机的十分之一甚至几十分之一；再次，随着突防技术的发展，弹头可采取释放诱饵、机动、多弹头分导等多种手段，这一切给防御系统中的预警系统、目标识别系统、拦截武器系统和指挥控制通信系统带来了极其复杂的技术问题。

随着携带核弹头的中、远程弹道导弹的发展，美国和苏联开始着手研究如何防御对方的导弹武器对自己本土的袭击。从 20 世纪 50 年代初开始，美国和苏联相继开始研制自己的防御武器系统。

为了打破美苏的核讹诈和核垄断，毛泽东主席从战略防御角度出发，在积极发展“两弹”的同时，又提出了防御战略方针。他关注到美苏在发展反弹道导弹系统方面的情况，特别提出我国也要搞防御武器。1963 年 12 月 15 日，在听取战略武器问题汇报后，毛泽东指示：“原子弹、导弹，无论如何也不会比别人搞得多。同时，我们又是防御型战略方针。因此，除搞进攻性武器外，还要搞些防御武器。”于是，就有了 1964 年 2 月，毛泽东接见钱学森等科学家时，与钱学森的对话。

毛泽东的这个讲话，成为发展“某工程”的一项重要指示。根据毛泽东的此项指示，我国于当年开始了防御系统工程研究。因此，防御研究被称为“某工程”，并在一段时间里被列为国家重点任务。

1964 年 3 月 23 日，国防科委召开防御科学讨论会，五院副院长钱学森、四机部部长王诤和十院、科学院、炮兵等单位的 30 多名专家、领导干部参加会议。

会上初步确定了3种技术途径。4月17日，二分院向五院呈报关于开展防御工作的意见，建议立即成立一个规划小组，其任务是负责制订防御总体规划，年内拟订出技术途径和战术技术指标。

按照钱学森的指示，五院二分院二部二室主任宋健开始搜集和分析国外相关情报资料，开展调查研究工作。经过反复分析计算，1964年5月，宋健写信给钱学森，提出应先研制低空拦截系统，得到了钱学森的认可。

从1964年开始，二部抽调一部分科技人员对防御武器进行研究，其目标主要是针对美国的威胁。1964年10月，二院组建了以宋健为首的502室，这个室就是二院26所的前身。1965年4月，召开关于该工程的会议。1966年3月30日，七机部下发文件，将该工程下分5个分系统，对其相关的防御体系进行编号。自此，二院开始了防御研究工作。

1965年，宋健被任命为26所副所长。正在主持“红旗三号”导弹总体工作的于本水，在一次会议上，与宋健不期而遇。宋健对他说:“我去办穷棒子社了。”于本水楞了一下，随即反应过来，两人会心地相视一笑。

原来，这个所谓的“穷棒子社”，是当时报纸广播正在宣传的河北省王国藩“三条驴腿”办穷棒子社的先进事迹。毛泽东在《中国农村的社会主义高潮》

中，对王国藩合作社做了如下论述：“遵化县的合作化运动中，有一个王国藩合作社，二十三户贫农只有三条驴腿，被人称为‘穷棒子社’。他们用自己的努力，在三年时间内，从‘山上取来’了大批的生产资料，使得有些参观的人感动得落泪。我看这就是我们整个国家的形象。”

于本水深知，宋健说自己“去办穷棒子社”，一方面是形容科研条件的艰苦，另一方面也是以这种艰苦奋斗的精神来激励大家，投入到一个新的科研领域中去。

2. 论证防御总体方案

1969 年，中央对“某工程”的分工进行了进一步明确，由二部负责工程总体，26 所负责导弹总体。同年，中央决定将二院所有的防空导弹研制工作转交给上海机电二局，二院调整为防御总体研究院。为加强工作，从二部抽调 28 人成立工程大总体组，负责包括 5 个分系统在内的整个工程的抓总，总体组由于本水和赵福元两人牵头。

因之前未接触过防御武器研究，于本水经过深思熟虑，将总体组最初的工作主要分为两部分：一是对 5 个分系统进行调查研究；二是对其他国家，主要是美国和苏联的防御武器情况进行研究分析。

针对第一项工作，总体组分成 5 个小组，分头对工程的 5 个分系统进行调研。针对第二项工作，总体组联合院情报室相关人员对美国和苏联的导弹情况进行研究。

相对而言，美国的资料公开的多一些，而苏联的保密则比较严格。因此，有关苏联的情况，很多时候需从美国情报资料中间接获得，这就有可能把美国提供的有误的部分情报资料也搜集过来。

从 1945 年到 1950 年年初，苏联有关单位一直进行导弹方案探索。1953 年，苏联 7 位元帅致信苏共中央，提出研制导弹系统问题。1953 年 11 月，苏联部长会议委托第一设计局研究远程弹道导弹的防御方案。1956 年 2 月，基松科被任命为导弹系统总设计师，格鲁申被任命为导弹总设计师，并开始 V-1000 导弹研制。1961 年，在巴尔克什靶场利用试验系统 A 用 V-1000 导弹（破片战斗部）拦截了 R-12 弹道导弹弹头。20 世纪 70 年代初期，苏联完成了 A-35 莫斯科防区试验，装备了 A-35（5V61）导弹，后来，苏联发现 A-35 系统存在严重缺陷，便开始着手 A-135 防御系统的研制，该系统采用大气层外拦截的高拦导弹和大气层内拦截的低拦导弹。

与此同时，美国在 20 世纪 60 年代开始研制“奈基－宙斯”防御系统，后来研制以保卫大城市为目的的“哨兵”系统，在跨加林岛进行了大量的防御试验。考虑到防御系统的效率，又改成以保卫“民兵”洲际导弹地下发射井为目的的“卫兵”防御系统。该系统采用大气层外拦截的“斯帕坦”高拦导弹和大气层内拦截的“斯普林特”低拦导弹。

尽管已经有了各自的防区，限于当时的技术水平，美苏两国的专家同时认识到，所建防御防区只能进行有限防御。如果敌方进行大规模导弹进攻，防御系统并不能确保保卫目标不受攻击。

上述调研工作完成后，他们将情况上报给钱学森。钱学森要求二院尽快做出防御防区技术方案，这也是工程大总体的重要任务之一。在于本水等人

20世纪70年代初的于本水

的带领下，总体组科研人员加班加点，很快论证出了初步方案。在得到钱学森的首肯后，总体组继续在此基础上对初步方案进行深化研究。

1970 年春，为了更好地促进工程进展，二院成立了“某工程”学习班，由院里直接领导，办公地点在二院图书馆东侧三楼，成员来自二院各主要单位。学习班成立了领导小组，因二院处于军管状态，组长由军管肖岐田担任，宋健任副组长，成员有于本水、沈忠芳、曲礼慧和工人佟继君等。

经研究，又将学习班细分为高空拦截系统和低空拦截系统两个小组。高空拦截系统小组由于本水负责，小组成员有杨存富等人。低空拦截系统小组由沈忠芳负责，小组成员有王泽厚等人。在这之后的日子里，于本水带领高空拦截系统小组的同志们，争分夺秒、夜以继日，查资料、搞仿真、做协调、定方案。经过半年多的研究，高空拦截系统基本方案终于成形，于本水等人多次给国防科委领导汇报并得到了肯定。

1970 年年底，二院进行机构调整，将于本水等学习班的大部分成员调到 26 所工作，同时 26 所成立新的防御武器系统总体室，于本水任主任，王泽厚、张志鸿任副主任。1971 年 6 月，按照拦截空域的不同，总体室被分为高空拦截型号组和低空拦截型号组，于本水主管的高空拦截型号，其工程代号为“三号任务”，低空拦截型号工程代号为“一号任务”和“二号任务”，其中“一号任务”为试验器。

3. 投入“三号任务”研制

1971年年初，于本水等被下放到河南正阳“五七干校”劳动。6月，国防科委和空军联合召开会议，决定开始研制高空拦截防御武器。这是一种在几百千米高度、在大气层外空间拦截敌方来袭弹头的防御武器系统。

经过一年艰苦的干校生活，1972年，于本水与同事们回到北京，全身心地投入到“三号任务”的研制工作中。

回到26所后，于本水仍任总体室主任，主要负责“三号任务”，王泽厚和张志鸿负责“一号任务”和“二号任务”。

于本水带领同事们对“三号任务”的方案进行具体化论证和方案落实工作。“三号任务”为无翼式气动布局，共有三级，一、二级主要用于使导弹达到一定速度和高度，三级实际上是个喷气头，通过姿态调转进行机动以修正制导误差，采用惯导加指令制导方式。鉴于当时的技术水平，其制导精度较低。为了弥补精度上的不足，“三号任务”采用核战斗部，这也是当时世界上的通用做法。

“三号任务”武器系统包括“三号任务”导弹、精密制导雷达、预警雷达、指挥所和地面设备等。于本水和杨存富负责“三号任务”导弹方案的制定，制导控制方案由戴宗礼、李启全负责，哈军工张最良、郭孝宽等人参加了方案论证工作。

于本水等人提出，为了满足快加速的需求，“三号任务”三级发动机都需要自行研制。在“三号任务”方案中，一个重大的技术问题即是一、二级如何分离。分离时，导弹处于空气密度较大的高度，导弹速度较高，导弹的动压很大，级间分离很困难。为此，于本水牵头进行了大量的理论研究和仿真工作。

为最大程度地应用已有成果，钱学森提出了“三号任务”能否应用已有型号惯性平台的构想。为了搞清这个问题，于本水带队到西北进行调研。

他们一行人首先到生产惯性平台的171厂。171厂地处陕西凤县，是一个三线单位。1964年后，基于复杂的国际环境考虑，党和国家领导人做出决策，要“争取时间，积极建设三线战略后方，防备帝国主义发动侵略战争”，于是在中西部地区的13个省、自治区，进行了一场以战备为指导的大规模国防、科技、工业和交通基本设施建设。不可否认，三线建设也成为中西部地区工业化的重要推进器。由于地点偏僻，这些三线单位的条件非常艰苦，如陕西省就有400多个三线项目，其中近90%远离城市。

于本水、杨存富和戴宗礼等人到工厂办事处后，171厂的刘厂长派了一辆大卡车将他们拉到厂里。卡车首先经过倒回沟。为什么叫倒回沟？据说猪八戒从高老庄出发时，领着唐僧走错了路，绕了个大圈子又回来了，倒回沟因此而得名。工厂所在地为唐藏公社，坐落于秦岭山下。他们一行人到工厂后，刚下车，就看见不远处从山坡上走下来两个人，腰上扎着麻绳，别着斧头。看到于本水他们诧异的眼神，负责接待的机关工作人员解释说，这两人是一对夫妻，都是陀螺方面的专家，此时他俩刚砍树回来，准备打家具。陀螺专家还要自己打家具，这让

于本水（左）和杨存富（右）在工作现场

于本水他们觉得很新奇。

也许受“文革”影响，三线单位的人员非常不稳定，思想波动比较大。这个地方流传着一种说法，来此地生活的人没有超过三代的，据说是水质有问题，因此，大部分职工都将自己的孩子送回老家。为解除疑虑，他们特地请了二机部来打井，以证实水是否存在放射性物质。

于本水他们发现工厂上班极不正常，工人们出工不出力，敷衍了事，干好干坏一个样。三线工作人员看到他们这些从北京航天系统来的人非常亲切，像见到亲人一样，邀请他们到家里吃饭聊天，讲些北京的消息。

听老乡说，《西游记》中写到的黄风洞和晾经石就在唐藏公社。一天下班后，于本水喊上其他同事，想步行去看晾经石。从住地过去，大概七八里路。此时这里已建起了变电站，晾经石在变电站里面。他们不知道这个情况，怎么也找不到。向路人打听晾经石在何处，路人笑了，不明白这几个外地人怎么会对一块石头感兴趣。

沿着路人指点的道路往前走，赶巧遇上了雷雨，几个人淋得落汤鸡一般，浑身都湿透了。好不容易找到变电站，工作人员警惕性非常高，怀疑他们是想来破坏变电设施。出示工作证后，于本水他们才得以进入变电站看晾经石，之后又冒着夜色赶回了招待所。

经过详细调研，于本水等人认为“三号任务”可以用该厂生产的惯性平台，并与该厂签订了协议。

此外，由于某发动机所正研制用于姿态控制的小型液体火箭发动机，在与五室主任张洪彦进行了详细讨论后，确定将“三号任务”第三级的姿控发动机交由该所研制。

随后，于本水带领部分设计师又马不停蹄地先后奔赴西安、内蒙古等地的工厂、研究所进行调研和协调，确定了导弹各部件的具体参数和配套单位。回到北京之后，他领导大家对导弹进行了计算仿真，形成了“三号任务”的具体方案。

为了对防御系统进行试验，国家决定在某地建立试验基地。基地选址工作由后任基地参谋长的张孝德带队，他曾经担任过某基地三部副参谋长，经常负责防空导弹飞行试验现场指挥工作。于本水跟他很熟悉，关系比较好。二院路平和杨存富也参加了基地选址工作。

此地到处是山，很难找到适合做发射阵地的平地。他们到处奔波，以期找到一块合适的地方。费了不少劲，最后才确定下来。在雷达工作地点的踩点过程中，于本水和基地领导一道，跋山涉水，脚下是崎岖山路，一旁是万丈深渊。基地带队领导是从战争年代走过来的老同志，50 多岁了，却还身手矫健，脚踏布鞋，步履轻盈，这让不到 40 岁的于本水从心底里佩服他们。最后，终于找到了适于雷达工作的地点。

发射阵地的选择更具有戏剧性，工程的两个项目都看上了同一块地方。这块地方比较平坦，是当地能做发射阵地的最好地方。眼看争执不下，双方各自都在为本方摆出各种理由，只能让基地领导来定夺。考虑再三，基地领导最后还是决定将这块地给了于本水所负责的项目。

技术阵地的建设也颇费周折，基地钟科长负责此项工作，他是哈军工 1957 年毕业的老同志，为人忠厚。于本水和杨存富多次往返基地，才将技术阵地建设方案确定，并开始进行土建工作。

基地官兵每天盼望着飞行试验，最后只有“一号任务”试验器进入了试验阶段。“一号任务”二级使用“东风三号”液体火箭发动机，一级使用四个“红旗二号”固体火箭发动机捆绑而成。巧合的是，苏联防御试验器 V-1000 最初也用四个 B-750 导弹固体火箭发动机捆绑而成，可谓“英雄所见略同”。

4.“一百单八将”十年攻坚

于本水领导的防御武器总体室共有 100 多人，他们来自多个单位，可谓精兵强将，号称“一百单八将”。

尽管从研制队伍看，二院所配备的阵容强大，但二院毕竟只有 10 年研制地空导弹的历史，前 5 年主要仿制苏联 C-75 导弹系统，后 5 年研制“红旗二号”和“红旗三号”，要完成“某工程”这样的艰巨任务，确实困难重重。

“明知山有虎，偏向虎山行”。虽有“文革”干扰，社会环境混乱，但一想到肩负着“保卫首都，保卫党中央，保卫毛主席”的重任，于本水对党的忠诚、对国家的责任感便油然而生，他决心用自己的智慧和心血，为打破美苏大国的核讹诈，为保卫和建设强大的祖国而做出努力。他夜以继日，呕心沥血，向着一个未知的领域进发。

首先是“三号任务”导弹总体方案设计。他们研究了美国的“斯帕坦”导弹和苏联的“橡皮套鞋”导弹。后者装在发射筒里，在十月革命节阅兵式上出现过，但大家都不知道这种高拦导弹具体长什么样。美国的“斯帕坦”导弹一级带有稳定尾翼。在这些研究的基础上，于本水他们推出三级无翼式方案，一级纵向控制采用摆动喷管，二级采用二次喷射（液体或气体），三级用主发动机进行误差修正，采用小型液体火箭发动机进行姿控。

有意思的是，当 20 世纪 90 年代苏联公开“橡皮套鞋”导弹的有关情况时，于本水才了解到它是无尾翼导弹，而“三号任务”也采用了无尾翼方案。没想到，几十年前，中苏导弹专家已是不谋而合，想到一起了。

制导方案和控制设备分别由 26 所和 202 所研究。为了集中力量，贯彻总体和分系统结合的原则，于本水把 26 所和 202 所研究制导控制人员都编在一个组里，让他们一起讨论，通过协调解决问题。这样一来，在共同合作的过程中，大家的分歧渐渐消失，最终达成一致目标，完成了制导控制方案。

“三号任务”导弹空气动力特性也是一个关键问题。这个项目委托中国科学院力学所进行计算流体力学仿真（CFD）工作。同时期，有一型地地导弹由于各级直径不同，曾产生“抖振”现象，这引起了于本水的警觉。为了防止“三号任务”导弹出现这种故障，他们做了大量的计算和研究工作。

“三号任务”采用地下井垂直发射方案。导弹制导控制系统集中了精兵强将进行攻坚。国内首次在导弹上采用四元数，大家都不懂四元数是怎么回事，请来科学院数学所副所长关肇直先生讲课。关先生是德高望重的数学家，头发都花白了，仍每星期拄着拐杖，乘公共汽车，花很长时间到二院讲课和研究技术问题。于本水和制导控制组、总体组的同志们都来当学生听课。

在制导方法、目标轨道预报、大气层内外姿态控制方面，年轻的队伍进行了大量的攻关。由于防御武器是假定在核战争条件下工作的，张志鸿等同志多次去核试验基地参加核效应试验，研究核爆炸对防御系统的影响。

各分系统攻关也取得了重大进展。三级复合材料固体火箭发动机研制成功，一、二级主发动机研制也取得重大进展，弹上计算机研制成功，这在航天领域还是首次。

“三号任务”生产问题，也是领导关心的问题。中央决定在天津进行会战，成立“四办”，由二院梁守义任“四办”主任，提出建设防御防区；由院生产组副组长宋健带队进行调研，于本水等参加。大型旋转相控阵雷达，规模很大，技术复杂，准备在天津总装，但天津的这个总装厂生产状态不佳。他们还调研了一个生产滑翔机的工厂，准备生产“三号任务”导弹，但厂内的生产状况同样很混乱。

于本水的“三号任务”工作手册

看到这种情况，于本水觉得，这些工厂要生产导弹，面临大规模技术改造和生产工艺队伍素质提高的问题。在返京路上，他把这些意见直言相告宋健，宋健表示也有同感。

事实上，防御武器的技术途径和有效性在各国都有争议。美国国会赞成派和反对派对此亦争论不休。二部主任吴展组织二部相关人员，将美国国会争论发言译成中文并出版，供大家阅读参考。苏联内部也存在争论。在进行莫斯科防区 A-35 设计时，每部精密跟踪雷达只跟踪弹头和运载器两个目标，但由于弹道导弹突防技术发展很快，多头分导技术和诱饵等突防技术的发展，使防御系统出现了危机。防御系统总设计师基松科坚持己见，著名防空导弹武器系统总师拉斯普列金则对防御前途表现悲观，提出了防御中程弹道导弹和防御高速空气动力目标相结合的武器系统方案。在这种复杂的情况下，主持国防科研工业的乌斯季诺夫下决心召开了由 14 个总师和军方代表参加的“神仙会”，让他们在一个世外桃源般的风景区关门争论了 3 个月，最后得出的结论是防御工程要继续干下去。不久，基松科的总师职务被解除，巴西斯托夫被任命为防御系统总设计师，停止了 A-35 和 A-35M 运行，开始研制和部署 A-135 系统。

中国也不例外。大多数人主张贯彻毛主席指示，再难也要搞攻关。但也有人唱反调，认为此路不通，并把这比作“用子弹打子弹”“用箭射箭”。

在这种争论中，于本水所带团队的研究工作没有停顿，仍处在攻坚战中。中央领导每次接见七机部和二院领导时，都在讲：“防御要干，三线要建，湘西内建点不能变！”这也给了于本水他们一种推动力量。

在科研人员不断进行研究的同时，世界局势也在发生变化。1972 年，美苏两个超级大国签署了《反弹道导弹条约》。此后，美苏相继终止了各自进行的防御计划。1976 年，美国宣布关闭“卫兵”防御系统。中央有关领导也开始考虑中国建设防御防区的现实性问题。1977 年后，有关部门开始酝酿“某工程”研制任务的调整。

于本水等人在十年攻坚中体会到，以中国的科学技术水平和经济实力，建设防区困难太大，但关键技术还应当继续攻克。

不久，主持国防科研工作的军委副秘书长张爱萍到二院听取意见，他让大家多看看《封神演义》，开阔思路。他说，《封神演义》的作者想象力丰富，敢于领异标新，相信会对大家有所启发。里面的许多神话比如来无影、去无踪、千里眼、顺风耳、移山倒海、撒豆成兵等，在今天有的已成为或将要成为现实，大家的工作就是变神话为现实。

1978 年 4 月 26 日，七机部部长宋任穷向二院传达了国防科委的意见：组织一支精干队伍，继续进行防御多途径探讨；所需经费专款专用；其他力量承担进攻性武器的研制任务。6 月 29 日，中央专委召开会议，听取国防科委汇报，研究调整二院任务方向和制定空间技术发展规划等问题。华国锋、叶剑英、李先念、聂荣臻等中央领导在会上作了重要讲话，其要点是要集中力量加快进攻性核武器的研制，进攻是最好的防御；二院应把研制力量放到进攻性武器的研制上；防御武器还是要积极研究，留少数人继续搞。

1980年，七机部计划会议正式决定“某工程”停止研制，除保留二部的两个专项课题外，其余有关“某工程”的研究工作全部停止进行。用张爱萍的话说，“高、大、精、尖”，技术难度大，中国当时在技术水平、经济条件和生产条件上，都不具备全面开展这样庞大复杂、工程浩大的系统研制工作，所以在研制过程中，困难重重。十几年里，科研人员付出了艰辛的劳动，虽然最终未能研制出型号产品，但取得了一批重要研究成果，其中有些技术填补了国内空白，科研队伍也得到了很大锻炼，这对中国导弹事业的发展具有积极意义。

对于自己近十年的防御研制工作，于本水心情复杂。由于中国的底子薄，“某工程”技术要求非常高，耗费巨大，难以承受。尽管如此，“某工程”仍进行了很多探索与创新，对技术的发展、人员的成长都大有裨益。仅就导弹而言，他们的成果不乏亮点：高速高加速导弹研制、惯性测量组合应用、四元数在导弹中的首次应用、固体火箭发动机复合材料壳体研制、姿控发动机研制以及弹上计算机的首次应用，都被应用于后续型号研制中。

事物的发展往往呈螺旋式上升和波浪式前进。20多年后，于本水被聘为某项目的技术顾问，曾任二院二部副书记兼国家高技术专家组办公室主任、二部高技术项目办主任的朱忠元介绍，于本水在该项目中发挥了三个方面的作用。一是在技术咨询与把关方面发挥了重要作用。如在方案论证阶段，有关技术途径与方法的竞争非常激烈，二院的方案思路虽好，但因有时考虑不周全，在竞争中屡次受到质疑，甚至屡屡“败北”。面对严峻的形势、竞争的环境和自身年轻的队伍，朱忠元想到必须发挥二部历史上的技术基础作用和老专家们的作用，才可扭转不利局面。他和时任二部项目总体室主任的潘旭东首先找到于本水，请于总“出山”。与项目有历史情结的于本水非常支持这一工作，并推荐了几位专家。俗话说“老将出马，一个顶俩”，二部组成了由于本水、张志鸿、彭冠一、杨存富、成楚之、郭春山、戴宗礼、林维松、孙连举、康庆宙、卞南华、叶权达等各个专业的专家们参加的项目研究专家顾问组，对系统总体、分系统等所有技术方案、报告，进行把关和指导，为二院形成项目总体地位发挥了较好作用，其中，于本水参加的最多、作用最大。再如，在研制阶段，于本水对飞行器的研制给予了很多指导性建议。二是发挥理论研究方面的作用。于本水通过带博士生的方式参与有关工作，他给两名博士生确定研究方向时，均是确定与该项目相关的内容。在他的指导下，博士生完成了项目核心技术课题。三是发挥作为有影响力的专家作用。尽管于本水在这个项目中没有“责任”，但他充分利用自己的影响力，“义务性”地在有关场合宣传项目方案的先进性和项目成果的重要性。

后来，该项目取得了重大成果，于本水为之欣慰。他认为，导弹是尖端科技的体现，而防御是尖端中的尖端。20 世纪 70 年代末，由于受各方面条件所限，不得不停止研究工作。只是停得有些过头了，单项关键技术研究应该继续进行，不应停止。

“三号任务”防御武器系统总体方案，后被评为国防科工委国防科技进步奖二等奖。

于本水

于本水院士传记

Academician Yu Benshui's Biography

第七章

下放干校 感受农村苦与乐

1971年，于本水被下放到河南正阳“五七干校”劳动一年。他亲身感受农民生活，有乐也有愁；亲自参加农业劳动，有苦也有甜。

1971年，于本水和部分同事被下放到河南省正阳县袁寨公社，即二院河南正阳“五七干校”。去之前，院方规定了一年的干校劳动期限。

在干校一年，于本水亲身感受到当地百姓的艰难困苦。而百姓的朴实本真，也给他孤寂的生活平添了许多安慰。离开正阳干校后，于本水再也没有机会回去看一看。然而，在他的心里，却从来没忘记那里的一草一木，以及淳朴善良的百姓。每每想起这些，他都觉得温暖，丝丝缕缕，是那么地清晰。

1. 与贫下中农“五同”

正阳县地处淮北平原，位于驻马店市东南部。从北京到正阳没有直达火车，只能坐到明港，再换乘汽车到干校。

得知下放干校的消息后，于本水陷入了踌躇、迷茫之中。他放心不下家人。妻子朱小泉一人留在北京，既要工作，还要照顾两个孩子。儿子于明9岁，正在读小学；女儿于红3岁，刚上幼儿园。柔弱的肩膀要挑起两副重担，朱小泉的压力可想而知。但更让于本水放不下的，是他的导弹事业。37岁的他年富力强，正在参与防御武器工程的研制工作，而一去干校就要一年，他担心荒废了专业。

但下干校是一项政治任务，必须无条件执行，没有讨价还价的余地。春节过后，出发的日子到了。临行之前，于本水想随身携带一些专业书籍，在劳动之余可以看一看。无奈，上级规定，下放干部不能带任何业务书籍，只允许带《毛主席语录》之类用于政治学习的材料。于本水灵机一动，带了一本英文版的《毛主席语录》，他不想连英语学习也耽误了。

到干校住了几天后，于本水就带上被褥住到老乡家里，开始“五同”。所谓“五同”，就是知识分子要接受贫下中农再教育，与贫下中农同吃、同住、同学习、同劳动和同娱乐。正阳县史称“高粱丰腴之地”，素有“一半米来一半面，掏钱难买正阳县”的美誉，但真正到了这里之后，于本水才亲身感受到传说与现实相差实在太远。由于之前历次运动中的政策过“左”，导致当地生产状况落后，老百姓的生活水平低下。

于本水和阳东生被派到离干校约 3000 米远的吕楼大队一个老乡家里进行“五同”。这家的男主人姓董，只有两间屋子，夫妻二人和孩子们挤在一间屋子里，于本水和阳东生住在另一间屋子。

走进这户人家，一看家里的条件，于本水愣住了。这哪像个家呀？连个装衣服的柜子都没有，屋里拉了一根绳子，衣服就搭在上面，大人、小孩的衣服加起来，总共也没有几件。床就是在木架上铺了一些高粱秸，坐上去都得小心翼翼，一不小心就会把床坐塌。“家徒四壁”，大概就是这样的吧。于本水心里叹息了一下，什么话也说不出来。

对于本水来说，乡村生活并不新鲜。他生在农村，长在农村，直到十几岁到九台上中学才离开农村。但这里和于本水从小生活的东北农村不同，中原地区的房子坐北朝南，窗户上连糊窗纸都没有，更别说有窗玻璃了，到了冬天，就用砖头、衣服等物品塞上，根本挡不住风。俗话说“针大的眼儿，斗大的风”，尤其到了晚上，风从窗缝里透进来，吹得屋里特别的冷。

厨房也这样，没有烟囱，只在墙上挖一个洞用于排烟。由于没有烟囱，加上他们经常烧茅草，每次烧火做饭，屋里总是烟熏火燎、乌烟瘴气，于本水和阳东生被呛得连连咳嗽，实在受不了，只得躲到屋外。

也许是因为常年烟熏火燎，女主人看上去很黑，显得很苍老。刚到老乡家时，于本水他们喊女主人“大嫂”，后来熟了才知道，其实她比于本水小很多，刚 32 岁。

那一年的冬天好像格外寒冷，于本水的耳朵、手背、脸颊上都长了冻疮。尽管于本水从小生长在寒冷的东北，但后来在北京生活了多年，室内有暖气，所以，河南那种潮湿、阴冷的天气，让他一时难以忍受。最冷时，于本水和阳东生只好睡一个被窝，挤在一起，靠对方的体温相互取暖。期间，于本水有两次独自在草棚里过夜，那种周身寒彻的滋味，让他终身难忘。

因为是“五同”，吃饭也是跟老乡一起吃。老乡吃什么，他们就吃什么。主食基本上是红薯，喝的是杂面糊糊或稀饭，根本没有蔬菜。杂面糊糊由各种豆类和玉米等做成。按照当地习惯，早上喝碗稀饭，接下来的一天就不再喝水，这让于本水他们这些城里人很不习惯。

每天一大早，于本水胡乱吃一点东西，就跟着老乡到地里干活，翻地、撒粪，样样都干，为即将到来的春耕做准备。地里完全没有机械化生产条件，一切全靠人力。吃的食物没有营养，干不到半天活，就感觉饥肠辘辘。春天到来后，一到中午，头顶上的太阳光强烈地照着大地，让人觉得燥热难当。于本水又一次切身感受到“锄禾日当午，汗滴禾下土。谁知盘中餐，粒粒皆辛苦”的意味了。

这样的“五同”生活，让于本水真正体验了老百姓的艰辛，使他与当地老乡结下了很深的感情。尽管生活条件十分艰苦，但他们心地善良，为人朴实，

于本水在干校劳动

真心诚意地对待这些城里人。离开的时候，这家人一直把于本水他们送到村头。看着老乡依依不舍的目光，于本水一阵心酸。他从自己简单的行李中，拿出几件旧衣服，送给老乡。在当时，他所能做的，也只有这些了。

2. 自己动手打井

结束“五同”后，于本水和其他同事回到正阳“五七干校”。正阳“五七干校”是连、排编制，排下面再分若干个班。三个连队中，一、二两个连和校部都在一条东西走向的公路附近。以这条公路为界，一连在路北，二连和校部在路南，三连则在一个叫周庄的地方。于本水被编入一连三排并任副排长，排长是二院政治处宣传科科长方国吉。

干校的工作和当地百姓差不多，一连下设的四个排中，一排负责管理果园；二排负责磨面、种菜等杂活；三、四两个排都种大田。四排中的大部分同志是从贵州基地来的一些老干部，其中不少人参加过抗日战争和解放战争。不久后，这个排因部分老同志工作调动离开干校而人数大减，剩下的人被编入于本水所在的三排。

三排负责一大一小两块田，大田 120 亩，小田 45 亩。于本水到干校后，干校决定让三排将小块的 45 亩地改为水田，由种小麦和玉米改为种水稻。正阳当地雨水少，没什么河流。这些地多为旱田，要改水田，首先要解决水的问题。水从哪里来，只能靠打井。经过讨论，三排认为不能像其他连队那样从北京请打井队，这样花钱太多，决定自己动手。大家一致觉得，连导弹都能研制，就不信打不出井来。

按照分工，排长负责政治工作，副排长负责生产工作。这些从事科研工作的知识分子，谁也没有打过井。万事开头难。于本水作为主抓生产的副排长，和连里主抓生产的副连长一商量，决定先去正阳县水利局拜师。

于是，一行人赶往县城。一同去的还有年龄较长的王卫。王卫早在抗日战争时期就已参加工作，从事过空军地勤工作，还曾在北京航空学院干部班求学，到二院之前曾在我驻苏联商务处工作过一段时间，动手能力很强。

县城之行收获颇丰。于本水了解到，水利局的打井方法和地质勘探差不多，关键环节在于下钻。有了理论知识，正阳县水利局还让他们去实地参观打井。于本水他们在参观打井过程中，看到泵盖由四个螺帽拧紧以将泥浆泵密封住。水利局的技术人员拧好螺帽后，一加压，泥浆就从泵盖处往外冒。无论技术人员怎么用力拧紧螺帽，泥浆还是照冒不误。

观察了一会儿，王卫看出了门道，跟水利局技术人员商量，让他一试。只见他采用交叉方式，每次将对角线上的螺帽依次稍稍拧紧，再将另一对角线上的螺帽拧紧，如此重复，直至 4 个螺帽都拧紧。采用这种拧紧方式后，泥浆泵工作时果然不再泄漏。大家松了一口气，不约而同地发出一片叫好声。

“还是干校的同志厉害啊，帮我们解决了大问题。”正阳县水利局领导和技术人员齐声夸赞。王卫的这一举动也增加了双方的好感，交流起来更加融洽。

刚刚解决了一道难题，新的问题又接踵而至。打井过程中，钻头容易发热，水利局同志们的解决办法是将钻头做成中空的，钻头工作时，泥浆灌入钻头内孔，一来可以冷却钻头，二来可以起到润滑作用。发热问题解决了，在钻头下钻时，最重要的是保证钻头始终垂直向下。如果钻头太偏，这口井肯定打不好。面对这些错综复杂的问题，于本水带领大家一边向当地百姓、专家学习，一边发挥自身优势，开动脑筋想办法。经过几天的调研学习，三排的同志们基本掌握了打井的各道工序，包括选址、做泥浆、灌浆、竖架、钻头操作和避雷等工序。

前期基础奠定后，就涉及到打井的实质性工作了。正阳县水利局借给三排一套打井设备，于本水指挥大家将这套设备运回干校，准备打井。井的位置选好了，设备也到了，三排的同志们全部投入到了打井的工作中。

首先需要具有大量制备泥浆的能力。离井的位置不远处有一条小河，可将河水引来制作泥浆。于本水负责引水渠道的设计和施工。他四处查看，决定利用地边的一条小沟作为引水路线的一部分。经过三排同志们的努力，将小河水引到了打井处。

泥浆池挖好后，大家开始试制泥浆。可别小看了做泥浆，这也需要恰到好处，既不能太稠，也不能太稀。“为什么不能直接用水呢？”于本水疑惑地问。当地打井的技术人员解释说：“因为水流得太快，小河里的水没多少不说，水对钻头的润滑效果也没有泥浆好。”另外，打井时，随着钻头的深入，还需要不断增加井杆的长度。一根井杆五六米长，因此需要搭一个十几米高的井架。当地夏天多雷雨天气，一马平川上竖起这么高的井架，避雷针的设置必不可少。

一切准备工作就绪，即将开始真正的打井工作，三排的同志们跃跃欲试。此时，问题又来了，打井成功与否，关键在钻手。打井过程中，钻头不能歪，这对钻手的手感，提出了很高要求。于本水想到二部有个叫吴敬法的小伙子，身体强壮，而且协调性好，非常灵巧。于是，他提出让吴敬法当钻手，主要负责打井过程中的操作，而换井杆、制作泥浆等则分给不同的小组负责。于本水的组织协调能力再次得到充分发挥，他像一个号令三军的将领，指挥着三排同志们各司其职，各尽其能。

打井工作就这样热火朝天地干了起来，过程比较顺利，井打得也很直。大家期待着早点打到水，但什么时候能打到水，心里也没有底。听正阳县水利局的同志们说，地下水一般在沙层中，沙层比土层松软，当钻头钻到沙层时遇到的阻力变小，下沉较快，这时候手感好的钻手就能判断出已经打到地下水层了。打井过程中也有可能遇到大的石块，对钻头有损坏。因为没有传感器，就全凭钻手的经验和手感。只见吴敬法不慌不忙，沉着冷静，表现出超强的操作能力。

整个打井过程用了半个月左右的时间。唯一遗憾的是井架的避雷针装置一直没解决好。避雷针末端需要深埋，此外还要求埋入地下部分和地的导通非常好，需要在埋入点附近浇上盐水，以增加土地的导电性能。后来大家发现，每次打雷，雷电就围着他们的打井架周围转，这说明避雷装置的效果不太好。每到这个时候，于本水就组织大家赶紧撤退，不能因为打井威胁到干校学员的安全。所幸，最终没有造成什么问题。

出水之后，又面临一个重要问题。因为打井过程中灌了很多泥浆，井里都是浑浊的泥水和碎石块，抽水泵不能工作，因此需要将井清洗干净。怎么洗，利用空气动力学原理，向井里灌高压空气进行洗井。

二院干校没有高压空气设备，听说附近的总参干校有，于本水他们就去借。总参干校的同志们很慷慨大方，他们赞赏正阳县干校同志们自力更生的精神，不但把洗井机和车借给了于本水他们，还派了两个战士当操作手。高压空气的压强有五六个大气压。洗井过程中，操作手坐在洗井车内，将高压空气充入井内。瞬间，井里的石头和泥浆冲了上来，碎石块等飞得很高，场面非常壮观。于本水和三排的同志们站在一边，看到石块和泥浆像天女散花似的飞出来，有些还散落到洗井车的车棚上，发出“叮当”的声音，大家笑逐颜开。

想真正打成一口井，需要做的工作是一环套一环。为使井壁不坍塌，还需在井里安装水泥管。水泥管顺利装好后，再装上水泵，这口井就算大功告成了。因为干校与地方销售部门比较陌生，要买到水泵有难度。于本水他们一合计，得派个能说会道、有交际能力的人去完成此项任务。王卫在驻苏联商务处工作过，社交能力强，于是被委以重任，到许昌购买水泵。果然，王卫“马到成功”，买到了水泵。

水泵安装好以后，大家迫不及待地想看看自己亲手打出的这口井的井水怎么样，那情形就好像是在试验场上，眼巴巴地看着整装待发的导弹能否顺利地发射出去。

这口井很争气，每天出水量能达 40 吨左右。三排的同志们为此欢呼雀跃。凭着这口井水的浇灌，

45 亩稻田一派生机，长势喜人。到了秋天，金灿灿的稻谷颗颗饱满，获得丰收。吃着自己亲手种植的粮食，那种幸福感，让于本水心里乐开了花。

3. 在艰苦的劳动中发现快乐

“五七干校”的工作主要就是体力劳动。于本水在东北农村生活了 15 年，对艰苦的体力劳动早已习惯。但这些体力活对从小生活在城市的同志来说，就是难以适应的苦差事了。比如，下雨天走路，光着脚踩在泥里，于本水轻松自如，健步如飞，但在城市里长大的同志就觉得很滑，走不动路，甚至摔倒在泥地里。

在农村生活的人都知道，种水稻最苦的是夏种、夏收和夏管三个阶段。

旱田改水田，也打出了水井，干校同志们的兴奋和得意很快就在种田的劳累中烟消云散。育秧完成后，很快又该插秧了。插秧时，脚和小腿泡在水里，一手拿着秧苗，一手将一束秧苗插入地里。如果想干得快，就必须一直弯着腰，不停地劳作。和于本水一样，三排的许多同志没有种水田的经历，对长时间弯腰感到很困难，到最后累得腰都弯不下去了。

插好秧后，三排将稻田分由几个班管理。一天晚上，八班班长自作主张，把三排的大部分化肥都施在了自己班管理的稻田里，希望禾苗长得更快更好。没想到，几天后，禾苗开始泛黄。这位班长是在城市里长大的，不了解农村生活。他百思不得其解，于是找到于本水询问原因。

听了这位班长的话，于本水心想：为什么别的班的禾苗都长得好好的，你们班的就黄了呢？富有农村生活经验的于本水断定是化肥施多了。在他的追问下，那位班长红着脸说出了事情原委，还让于本水替他保密。

一转眼，秋风渐起，树叶开始枯黄，到收获的季节了。收割水稻也是一种高强度劳动，这里没有农业机械，只能靠人工用镰刀收割。和插秧一样，割水稻也需要长时间弯腰。有的人因为腰不好，甚至跪着割水稻。收割下来的水稻还要及时收进粮仓，若赶上雨天，泡在田里，必定影响收成。

于是，于本水和大家一起，披星戴月，全力投入秋收。在知识分子走“五七”道路、向贫下中农学习的时代背景下，大家都很认真地对待这种体力劳动，你追我赶，生怕落后于他人。

劳动是辛苦的，但生性豁达、乐观的于本水，从繁重的劳作中，发现了许多别人体会不到的乐趣。

牛是农民的好帮手，是从事农业生产必需的生产资料。水牛的力气比黄牛大。插秧之前，要靠水牛把稻田犁一遍。三排有个福建人，大家觉得他是南方人，应该会赶水牛，于是让他赶着水牛犁地。赶牲口需要吆喝，就跟三里不同风、五里不同俗一样，吆喝也是一个地方一种喊法。这个福建人站在水牛后面，拉开架势，操起鞭子，煞有介事地高喊一声：向右转！只见水牛呼扇了两下耳朵，无动于衷。于本水和大家站在田埂上，看到这番情景，先是一愣，感到很滑稽，随后笑得前仰后合。

像这样苦中作乐的事情还有不少。对长期生活在城市的知识分子来说，到农村去接受贫下中农再教育，从事繁重的体力劳动，的确是一种考验，身体上有些吃不消，但这种经历对他们了解农村和农民，也不失为一种收获。于本水始终觉得，干校生活，是自己人生中一段难得的经历和宝贵的财富。

4. 到袁寨公社宣讲文件

光阴似箭，日月如梭。田里的庄稼收获后，大地变得一片萧条，树叶开始枯黄。眼看地里没有什么活儿了，大家都闲下来，驻马店地委向二院正阳干校提出，希望干校支援地委一部分人，帮助他们整党。本着尽力支持地方工作的精神，干校答应了地委的要求，抽调出一部分资历深、政治思想坚定的党员同志参加地委工作。于本水是其中之一。

在以往历次政治运动中，河南频频更换省级领导，每换一次，都会影响到基层组织，所以许多地方的基层组织涣散，整党后连支部书记都选不出来。无奈之下，只得让队长兼任支部书记，等到书记选出后，队长才能离开。

干校的许多同志都像于本水这样，入党较早，资格较老，当地人称他们为中央来的人，对他们很尊敬和信服。干校考虑到学员们年底就要回北京，时间仓促，不同意他们当队长，只能当副队长。地方党组织变通了一下，决定实行“双首长制”，一个队长，一个指导员，由地方出队长，干校出指导员。于是，于本水被指定为指导员，和队长一起负责一个生产大队的整党工作。

9 月份，于本水被安排到正阳县城学习整党政策，为即将开展的整党活动做准备。正在这时，传来“九一三”事件的消息。9 月 13 日，林彪乘飞机外逃叛国，途中机毁人亡。9 月 18 日，中共中央以 57 号文件发布了《关于林彪叛国出逃的通知》，随后又相继下发一些相关文件，要求向全国群众传达林彪叛党叛国事件。于是，整党工作立刻停止，改为传达文件精神。

驻马店地委派来一批人，先向整党工作队传达了这个文件精神。大家听到林彪叛国出逃，非常震惊。紧接着，二院正阳干校也将参加地方整党的同志们召回，传达 57 号文件精神。在干校学习完 57 号文件精神之后，地委和干校研究决定，到基层去宣讲文件精神，于是把整党工作队改为若干宣讲小组，深入到村庄进行宣讲。于本水和一位公社书记、一位粮站主任一起，被派往袁寨公社下属的袁寨大队。

到了袁寨大队，第一次宣讲的对象是贫下中农，“地、富、反、坏、右”等五类分子被村里的民兵们送至村外劳动，不允许他们了解这些情况。于本水向贫下中农宣讲文件时，大队领导介绍说：“这是上级给我们派来的老于同志，听他给我们介绍情况。”于本水穿着旧军大衣，胡子也没刮，澡也没得洗，看上去的确沧桑老成。

村里的贫下中农对林彪的地位很了解，家家挂着林彪的标准像。在他们心目中，林彪是毛主席的接班人，中国未来的领导人。突然听到林彪叛国出逃的消息，都感到难以置信。于本水遵照中央一系列文件精神，向村民们介绍“林彪叛党叛国是长期以来，特别是党的九届二中全会以来阶级斗争和两条路线斗争的继续，是林彪这个资产阶级野心家、阴谋家的总暴露、总破产”“我们党是从阶级斗争和两条路线斗争中成长壮大起来的”等情况。

会后，一些村民围着于本水，摸着他身上的旧军大衣，好奇地问：“老于同志，你这衣服是不是长征时候发的呀？”农民的朴实和幽默，让于本水忍俊不禁。

5. 田野上的“导弹梦”

干校生活消耗了大批知识分子的宝贵时光，也助长了知识无用的风气。不过，在于本水的内心深处，始终没有忘记他的“导弹梦”，无论在繁重的体力劳动中，还是在对远方亲人的思念中，这个梦，暂时沉寂了，却从未放弃。置身于一望无际的田野，于本水在等待着重新开始的那一天。

57 号文件精神的宣讲，持续了两三个月。宣讲过程中，吃饭都是村里指派的百家饭，即村里指派到哪一家，宣讲人员就在哪家吃。袁寨大队和于本水“五同”的那个村庄一样穷，家家户户的主食都是红薯，没有一丁点儿蔬菜。受“左”的思想影响，农民不允许有自留地，一个生产队才有一块菜地，种出的菜分配给每家每户。那是一个吃大锅饭的年代，实行平均主义，农民没有劳动积极性，种出的菜，每家也分不了多少。看到这种情况，干校给宣讲人员送来一些萝卜，于本水也分了半麻袋，好歹也算是有蔬菜了。晚上回到住地，吃块萝卜，就权当改善生活了。

宣讲结束后，当地干部各自回家，剩下于本水独自住在大队部里。队部位于村外，离村子有200多米远，夜深人静时，更显得孤零零的。清冷的夜空，星星也不知躲到哪里去了，田野格外空旷，不时传来几声狗吠，更增添了寂寥的感觉。

每每此时，对亲人的思念，如潮水般涌上于本水的心头。正阳与北京相隔千里，不但交通不便，通信也不便。于本水与家人的联系，只能依靠书信，基本上一个月，才能收到一封信。每次收到来自北京的信件，他都如获至宝，读了一遍又一遍，以解相思之苦。

远离北京，最怕的就是孩子生病。但偏偏是怕什么来什么，这期间，于本水收到一封信，被告知女儿于红烫伤了脚，把他给吓坏了。

原来，于本水下放后，他在东北的小妹妹有一段时间在他家里帮忙。妹妹没有太多的生活经验，将刚煮好的一锅面条，放在地上凉着。于本水家和另一户人家合住一套房子，于红和邻居家的孩子嬉戏打闹，一不小心，将脚踩到了面条锅里，顿时烫出许多水泡。邻居一把抱起于红，一路狂奔，将她送到附近的医院。由于处理及时，并进行了植皮手术，住了十几天院后，于红得以康复。

家里发生这么大的事，无奈干校不允许请假回家看望，于本水心急火燎，吃不下，睡不好，心里充满了歉疚。他只能通过书信，对妻子说一些安慰的话。为了排遣这种消极情绪，于本水拿出英文版的《毛主席语录》，读了又读。这本书，无论走到哪里，他都带在身边。翻来覆去地学习，不但提高了他的政治水平，更是为他的英语水平，打下了牢固的基础。多年以后，除了俄语，他还能阅读英文原版资料和书籍。这是于本水干校生活的又一大收获。

时光的脚步走到了元旦，于本水的宣讲工作告一段落。这时，他到干校已近一年，领导通知他们准备回北京。就这样，他回到了二院正阳干校。

相对于乡村而言，干校的菜是自己种的，面是自己磨的，有面有菜，算得上正儿八经的一顿饭了，跟农民比起来，简直是天壤之别。而且，因为大家的生活方式和习惯接近，共同话题也多，两相比较，于本水感到很满足。

1972年年初，于本水结束了一年的干校生活，回到北京，重新投入“三号任务”的研制工作。有时，他会收到和他一起宣讲的地方干部写来的信，聊聊当地的情况。这些地方干部到北京出差，还会到于本水家里做客。每每此时，一种亲切感从于本水的心底油然而生，这让他感到，自己与正阳仍然在一起，从未远离。

在干校的学习和工作中，于本水亲身体验到农村的贫困，感受到农民的真诚与朴实。也许是同样出身于农村的缘故，他对这一切特别亲近，同时对中国的农村、农民有了更加深刻的认识。

在于本水的内心深处，他始终没有忘记自己的“导弹梦”。于本水无力摆脱政治运动的波澜起伏，不可能“躲进小楼成一统”，只能被时代潮流推着向前走。然而，他从未随波逐流，更未就此沉沦。他坚信，“沉舟侧畔千帆过，病树前头万木春”。总有一天，他会在一种正常而自由的状态下，重新开始他的导弹事业。他为此而时刻准备着。

于本水

于本水院士传记

Academician Yu Benshui's Biography

第八章

二次创业
二代导弹建奇功

改革开放，百业待兴，中国进入了大发展时期。年过四十的于本水满怀激情，迎来了导弹武器研制工作的春天。

从1979年开始，我国第一型第二代防空导弹即低空超低空防空导弹研制历经十余载，前后经过5个研制状态，期间经历了太多的艰难与坎坷。

1999年，在国庆50周年阅兵式上，这种堪称防空“杀手锏”的低空超低空防空导弹亮相。作为导弹主任设计师，于本水为该型最先进的防空武器研制呕心沥血，废寝忘食，奔走于办公室与试验基地之间，两次荣立一等功。1989年，于本水被评为二院新一代知名科技专家；1991年，被评为航空航天部有突出贡献的专家和劳动模范。1992年11月，该型低空超低空防空导弹荣获国家科学技术进步奖特等奖。

1. 二院重返地空导弹战线

20世纪60年代后，特别是在越南战争和中东战争中，中高空防空导弹能力已经很强，美国、欧洲各国认识到利用低空进攻更为有效，于是相继发展低空超低空空袭装备。与此同时，苏联“萨姆-8”、法国“响尾蛇”、英国“长剑”等低空超低空防空导弹相继研制成功。

1979年3月，总参谋部召开低空防空导弹选型会议。会后，总参谋部根据讨论意见，向国务院、中央军委作了报告，提出借鉴国外有关技术，研制一种机动性能好、反应速度快、机动过载大、抗干扰能力强的低空防空导弹，并要求列为国家重点发展项目。6月，国务院、中央军委批发了总参谋部的报告。随后，空军向中央军委建议，由七机部二院承担此项任务。

按照国家规划，二院在防御武器工程下马后，便没有再承担防空导弹的研制任务。1980年3月1日，二院二部、23所、25所、706所和206所联名撰写了《关于要求承担“红旗七号”研制任务的请示》，并上报国防科委。

1979年，于本水由26所调回二部，并于1980年担任了一室主任。该报告第一稿由于本水起草。尽管此时他手下的技术人员明显不足，但报告内容却充分表达了他们开拓防空导弹新领域的雄心。该报告又经二部主任吴展和科技处处长杨汉华等人研究定稿，最后经过会签，送交国防科委审阅。

由于低空超低空导弹技术要求很高，空军认为二院承担这个任务较为合适。空军副参谋长文绥通过对二部的长期了解，特别通过在打U-2飞机过程中的合作，认为二部承担型号总体任务非常适合。空军表明了支持态度，这让于本水他们很受鼓舞。报告最后递交到国防科委主任张爱萍的手里。张爱萍随即批示：七机部二院承担研制“红旗七号”的任务，不要变了。

从此，二院结束了防御武器工程下马之后的徘徊期，重返地空导弹研制战线，开始了二院发展史上在防空导弹领域的第二次创业。

1980年4月21日，国务院、中央军委正式下达了关于低空超低空防空导弹研制任务的通知，明确了由七机部二院承担此任务。国防科委随即任命钟山为型号总设计师，吴北生、张志英、王尚虎、黄槐为副总设计师。于本水被任命为导弹系统主任设计师，分管导弹研制工作。

2. 解决导弹总体最迫切的三个重要问题

经过20多年导弹研制工作的磨练，凭着深厚的技术功底和丰富的研制经验，于本水已成长为一名成熟的地空导弹技术领域的带头人。不久，他先后被任命为二部科技委副主任和总工程师。面对新型号的研制任务，他参考国内外经验和自己的亲身体会，提出了导弹总体最需要迫切解决的三个重要问题：第一，要组建一支高水平的研制队伍；第二，必须制定一个先进可行的技术方案；第三，制定一个正确的研制模式和研制程序。

于本水面临的首要问题是组建一支能打硬仗、能攻难关的研制团队。中国航天事业发展的经验证明，“只有一流的队伍，才能完成一流的工程”。强有力的技术总体，是确保低空超低空导弹顺利研制的关键因素。

然而，二部经过“文革”、地空导弹任务调出和防御武器工程下马，很多人都被调走，整个单位只剩下300多人，是二部历史上人数最少、最低潮的时期。于本水面临四处找人的问题。上级领导很信任他，放手让他按照自己的想法和思路来组织这支队伍。

研制“红旗三号”期间，导弹研制的总体在北京，生产却在上海，两地相距1000多千米，给研制工作带来了很大的不便。为了解决这个问题，于本水建议在二部组建起完整的导弹系统设计师队伍，将研制和生产紧密结合。于本水提出，导弹研制队伍应包括导弹总体、制导控制、结构总装、弹上电气和测试等专业人员。

随着研制工作的开展和于本水的不懈努力，研制队伍一步步逐渐完善起来。从此以后，二部实现了比较理想的导弹研制体制，即从总体设计到结构、电气、总装设计和测试都集中在二部。各个专业的设计师在导弹总体的统一组织和协调下，各司其职、各负其责地开展导弹研制工作。在组建研制队伍的过程中，于本水知人善任、善于组织的能力，又得到了充分展现。

解决了研制队伍组建的重要问题，随之而来的是集智攻关，制定出一个可行的导弹总体方案。低空超低空导弹研制方案阶段的中心任务是攻克一道道技术难关，从而最终确定全弹的技术途径。这也是工程研制中最基础、最根本性的工作。

于本水带领他的研制团队，首先研究了制定方案的指导思想，即借鉴国外同类导弹的先进技术，继承国内已有的科研成果，立足国内的原材料、元器件等技术基础，研制出满足低空超低空防空需要的导弹武器。

于本水参照国外同类型号，认为采用鸭式气动布局比较合理，其具有较好的升阻特性。鸭式布局舵攻角是舵偏角和弹体攻角之和，由于低空大气密度高，获得大过载不需要太大攻角，不会出现大舵攻角失速问题，所以鸭式布局适合低空使用。动力系统选择了具有麦撒效应的固体火箭发动机，满足导弹高速高加速的特性要求；控制系统采用乒乓控制，采用振荡线性化途径的自动驾驶仪，结构比较简单。经过对比，引信战斗部系统确定采用红外引信和破片聚焦战斗部，具有良好的引战配合组合特性和目标毁伤能力。为了快速反应，导弹陀螺采用高压启动、低压维持转速，在紧急情况下，几秒钟就能把导弹发射出去。同时，为了创造较好的微环境，保证导弹的长期贮存性能，采取筒装方案。

导弹总体方案确定之后，导弹总体及各分系统设计和研制工作随即展开。由于于本水深厚的技术功底和丰富的工程经验，低空超低空导弹研制顺利，创造了二院防空导弹新的研制模式和研制程序。

20 世纪六七十年代，导弹设计部门设计出图纸和拟制文件，经过地面和飞行试验一轮又一轮的设计改进后（其中涉及结构协调、电气匹配、动力学与控制以及电磁兼容等问题），便交由导弹生产厂进行生产。

于本水认为导弹技术设计决不能一蹴而就，必须经过“研究 - 设计 - 生产 - 试验”反复迭代的研制程序。导弹设计部门要通过协调进行必要的地面试验甚至飞行试验后，才能将修改完善的图纸和设计文件交付生产厂进行生产。基于此，于本水提出“样弹由设计部门负责”的研制模式。

从此，低空超低空导弹研制，完全摆脱了研制第一代导弹的框框和路子，“样弹由设计部门负责”的研制模式，更加符合导弹自身的研制特点。事实证明，于本水在总结国内外导弹研制经验教训的基础上所作出的具有远见卓识的重大决定，对提高研制工作效率、提升总体设计水平、强化总体部权威、培养设计师队伍，发挥了重要作用。

至此，于本水带领导弹设计师队伍勇担重任，理顺了研制导弹迫切需要解

1983年，于本水（前排右四）和导弹团队在炮兵靶场合影

决的三个基本问题，通过一系列具有中国工程研制特色的技术创新，低空超低空导弹研制团队开启了艰辛的型号研制创新之路。

3. 从正常式气动布局到鸭式气动布局

研制新一代防空导弹，实现低空超低空拦截、反应速度快、机动性能好三大技术目标，是充满巨大挑战的课题。1980 年年初，于本水和他的设计师队伍一起，开始踏上了不等不靠、勇攀高峰的攻关之路。

在二院原 10 号楼 3 层的一个用柜子隔开的小房间里，他们开始了最初艰苦的创业阶段。低空超低空导弹研制走的是一条自主攻关的道路，包括于本水在内，设计师队伍中只有几个人熟悉国外低空超低空导弹情况。通过设计师们完成的一项又一项技术攻关，形成了一套成熟有效的导弹系统总体方案。

第一个难点是掌握鸭式气动布局。

导弹发展史证明，在低空飞行的导弹上采用鸭式布局是合理的。舵的偏角和导弹的攻角方向一致，可产生大的过载，响应也快。二部对正常式布局在工程上的运用和掌握已较成熟，而对鸭式布局的了解，还只停留在理论阶段。

鸭式布局的舵面配置与正常式布局相反，其舵面位于弹翼前面，弹翼位于弹身中后部。鸭式布局的导弹有许多优点：鸭式舵偏转方向始终与攻角一致，升阻比大；由舵直接提供升力，故反应快；舵在前部，且舵面远离质心，效率高，便于静稳定度的调整。

但鸭式气动布局也有其缺点，即当导弹同时有攻角和测滑角时，舵面偏转会产生斜吹气流，因而产生较大诱导滚转力矩（又叫斜吹滚转力矩），为此，需要在弹翼上安装副翼。

于本水把这块硬骨头交给了气动组方松柏等人。在方松柏的带领下，气动组开展了大量的理论分析工作，而且还做了1600多次风洞试验，最终掌握了鸭式气动布局的特性。

在弹翼上安装副翼，随之带来的问题是副翼的俯仰效应。在导弹后边两个副翼偏转时，产生了舵效应和攻角，进而产生过载。意外出现的俯仰效应对控制导弹非常不利。经过反复研究，发现这是由两个电机的速度不对称所造成的。采用电机选配方案，顺利解决了这一难题。

4. 首个具有麦撒效应的固体火箭发动机

固体火箭发动机总体设计由总体部李效家负责，研制任务主要由发动机厂所和火药厂所完成。

发动机是实现导弹高速、高加速的关键弹上设备。对于导弹发动机来说，既要能产生很高的导弹轴向加速度，又要保证在燃烧过程中发动机燃烧室压力在设计范围内，这无疑增加了导弹发动机研制的技术难度。

为此，发动机除采用高压强燃烧室外，还采用了具有麦撒效应的推进剂。所谓麦撒效应，是导弹选用的推进剂的燃速不随压力增加而升高，反而降低，所以燃烧室压力可控。其中发动机的压力指数是负值。以往我国导弹发动机的压力指数一般都为正值，压力指数做到零已很不容易，做到负值就更难。经过设计，导弹发动机推力可保持平稳，是我国首个具有麦撒效应特性的固体火箭发动机。

5. 筒弹状态出厂开先河

根据世界各国和我国的经验，第一代地空导弹主要用于要地防御，一旦地空导弹部队机动时，在组织铁路运输、选择配置阵地、战斗准备、技术保障等方面，都会遇到不少困难。这是因为导弹采用的是液体火箭发动机，出厂时不加注推进剂，只有装备到部队后才加注推进剂。不仅如此，助推器、战斗部，也是发射前才装成整弹。所以，第一代地空导弹都是分解状态出厂：在总装厂，弹翼、舵和弹身、安定尾翼等，分别用包装箱独立包装和运输；固体发动机壳体、推进剂药柱和战斗部等，也都独立包装运到技术阵地。导弹到达技术阵地后，经过总装、测试，再运到装填车上，之后进行加注推进剂、上发射架、安装电爆管等工作，此时，发射架上的导弹才成为真正意义上的武器。

立下赫赫战功的地空导弹二营，就是靠着两列火车，将全营近百辆特种用途的汽车以及导弹、导弹发射架、雷达和一应武器、装备、油料、生活用品、人员等装在一起，硬是“机动”起来，用第一代地空导弹打下了敌 U-2 飞机。

于本水和他的导弹研制团队下定决心，要从第二代防空导弹开始，实现筒弹状态出厂，以彻底扭转过去由于导弹分级出厂所造成的部队机动能力差、难以满足作战需求的局面。

参照国外导弹的经验，于本水带领导弹总体设计师团队设计的第二代防空导弹采用筒装形式，只需筒弹状态测试合格，导弹即可发射使用，免除了部队使用的繁琐作业，同时也保证了导弹对环境的适应能力及寿命要求。

6. 从设计源头确保安全

为了保证生产厂和部队使用维护人员的安全，筒弹状态出厂方案确定后，于本水把安全可靠作为低空超低空导弹研制的头等大事来抓。

首先是战斗部的安全设计。为使安全引爆装置既能保证战斗部安全使用、维护，又能及时引爆，于本水带领导弹研制团队将安全引爆装置设计成安全性高的三级保险，确保战斗部在地面和飞行过程中的使用安全。实践证明，安全引爆装置在本型号及后来类似型号使用中，从未发生过事故。

其次是发动机的安全设计。发动机安全点火机构设计了两级保险，第一级安装了一个低通滤波器，第二级安装了一个门开关，保证抛盖完成后，发控流程能继续进行。

7. 建立防空导弹领域第一个火箭助推柔性滑轨试验场

于本水认为，引战配合是防空导弹的关键技术之一，必须摸清引信对各种目标的启动区，而导弹引信滑轨试验是解决这项关键技术的必要手段。

实践证明，导弹引信试验采用完全静态的试验方法是行不通的。过去研制反飞机导弹，使用飞机来绕飞。具体做法是将引信摆放在机场地面，让飞机在空中绕飞，以观察引信的启动情况。早期的这种做法要花费大量的时间和精力，而且要求飞机不能飞得过高。于本水带领设计师队伍开始探索，是否有别的办法，可以产生运动信号，来摸清引信究竟什么时候起爆。

据于本水他们了解，湖北有一套火箭橇，可以让物体作高速运动。但是地面上钢轨反射信号很强，噪声也很大，对引信启动有影响，并不适用于摸清导弹引信真正的启动区。而河南有一套检测引信针对不同目标的启动特性的试验设备。

二部拨了10万元研究经费，准备让负责引战系统的设计师苑林桢前往河南做试验。于本水与苑林桢经过商量，认为可以利用这笔经费，在二部建立一个自己的试验场地。于本水让苑林桢制定试验方法。苑林桢是一位很有创新精神的工程师，他冥思苦想，发明了一套试验方法。

苑林桢的试验方法主要是利用地面低速试验获得的数据，经过必要的加速处理，来模拟高速弹目交会状态。经过深入细致的研究，于本水觉得他的想法可行。在于本水和科技处处长杨汉华的支持下，苑林桢和他的同事们开始一步步地把想法付诸实践。

由苑林桢发明的方法和亲自建成的试验场，摸出了一整套试验方法，实现了在地面利用低速试验来模拟高速弹目交会状态的目的。几个型号的引战系统研制经验表明，这些试验方法是必需而又切实可行的重要手段。二部从此具备了检测引信对于不同目标启动特性的能力，从而获得了引信启动区，为引战配合设计奠定了基础，成为总体部试验条件建设的一个亮点。

8. 导弹测试迈上新台阶

导弹测试是生产过程和部队使用过程中的重要环节。对于第一代导弹而言，测试一发导弹需要耗费很长时间。

自动驾驶仪、遥控应答机、引信，俗称导弹“三大件”。自动驾驶仪有专门的转台，以测试导弹在不同角度、角速度下的响应。引信也有单独的测试台。除此之外，还有变流器、弹上电池等弹上设备。以往的做法通常是要等到这些弹上设备测试完毕，再将导弹组装起来，进行全弹状态的测试。整个测试过程漫长繁琐，难以满足使用要求。

而低空超低空导弹测试方案，则有了重大变化。无论在靶场还是部队，只需用一套测试设备，在筒弹状态下就可以完成测试。近百个参数，一个小时内就能全部完成整个导弹的状态检查，之后，导弹就可发射使用了。

20世纪六七十年代，导弹使用的遥测系统主要从苏联进口，频率为80兆赫，体积比较庞大，占用弹上空间大。在低空超低空导弹研制初期，使用的就是这种进口遥测设备。

减少体积和重量、提高频率，是实现遥测头小型化的技术途径。于本水慧眼识英才。他找到从事电磁脉冲测量工作的杨洪柱，请他研制导弹遥测系统。其实，杨洪柱的老本行就是遥测。在于本水的鼓励下，杨洪柱重操旧业，精心钻研，组建了导弹遥测工程组。不久，吴殿迎、郑凤珍等人也到了遥测工程组，力量逐步壮大。通过国内大协作，所研制出的遥测系统既小又轻，较好地满足了导弹研制需求，在低空超低空导弹的遥测系统小型化改进工作中成就斐然。

杨洪柱等人将遥测频率从低频率一下子提高到了高频率。他们还引进计算机技术，在战斗遥测弹上，不仅装有发射机，还设计了一套采编装置，真正做到了弹上设备超小型化。导弹定型时，弹上留了一个遥测接口；导弹交付后，只要把遥测头装上，就可以变成遥测弹。这样一个重大的技术革新，离不开杨洪柱等人对提高遥测频率所付出的努力。这也是于本水所在的研制团队为防空导弹遥测系统发展作出的重大贡献。

于本水风趣地称杨洪柱为“导弹的纪委书记”。在杨洪柱接手型号遥测系统设计工作前，导弹遥测技术还处于胶片时代，即地面设备接收到的所有遥测数据都通过胶片记录下来，而后经过冲洗胶片，再由技术人员进行人工判读和分析。这样从完成导弹打靶，到可以进行数据分析，需要等待好几天时间。

在于本水的领导下，杨洪柱、吴殿迎等研制成员经过努力，实现了 5 分钟遥测数据的快速判读。导弹发射之后，在地面收到的大量遥测数据中，于本水挑选出最重要的十几个参数，5 分钟就将它们处理出来，立刻就可以开展分析工作。

研制和试验工作进展顺利，岂料在独立回路弹研制阶段，导弹发生了舵振问题。经分析，定位到自动驾驶仪和遥测系统电磁兼容问题上。

为避免遥测头开机造成舵大幅振动，于本水和他的团队反复研究，在有限的技术条件下，想出了解决办法：降低遥测头功率。但担心也随之而来：遥测头功率降下来后，其功能还能有保证吗？怀着这种担心，于本水带着设计师队伍，来到了直升机机场，打算在实际飞行过程中通过测试来论证设计改进后的效果。

1983年，遥测系统飞行试验队及机组成员合影（后排左三为于本水）

大家都没有坐过直升机，想到可以有机会上天体验一下俯瞰大地的感觉，都非常开心。然而，直升机一起飞，随着飞行高度一点点升高，忽上忽下带来的失重感让大家不由得捏了一把汗，心情顿时紧张起来，最初的新鲜和好奇，早已被吓跑。等到大家下了直升机，看着彼此煞白的脸色，都苦笑着感叹，以后可别再提坐直升机了。

虽然领略到“上天”的煎熬，但通过直升机挂飞试验，证明了解决措施的有效性，解决了遥测和自动驾驶仪的电磁兼容问题。

9. 茫茫戈壁“干打垒”

飞行试验是防空导弹研制阶段的重要环节，试验状态多、周期长、费用高。试验目的是在真实飞行条件下，全面考核防空导弹武器系统的协调工作性能及拦截目标的实战性能，验证武器系统是否达到研制任务书规定的主要技术指标与作战使用要求，为武器系统性能鉴定与设计定型，为装备部队提供依据。

从1982年开始，低空超低空型号在试验基地开展了各阶段导弹飞行试验。靶场条件很艰苦，没到过茫茫戈壁的人，恐怕很难想象季节交替之时黄沙漫天的恶劣天气，也难以体会到生活在这里的艰辛。

导弹分队驻扎在7号，住的房子叫做“干打垒”，要到住房外面上厕所。

所谓“干打垒”，就是利用当地“取之不尽，用之不竭”的碱土（该碱土含碱量极大，即使往上浇水也很难渗透，当地人称其为“土水泥”）垒墙、抹房子，风干后像水泥一样结实，任凭风吹雨淋也坚固无损。在外墙屋顶再抹上一层“土水泥”，光滑得天衣无缝，且冬暖夏凉。加之“干打垒”土平房低矮而顶平，对风的阻力减小了，所以足够抵抗强风的袭击。

夏天天气太热，试验队员每天干完活浑身是汗，可7号只有早晚供水，于是，试验队给每人发一个桶。大家一大早接上水，将水放在太阳底下晒，等下

1984年，试验队部分成员合影（前排左四为于本水）

班回来，就用晒了一天的热水简单地冲洗一下。

一次进场试验，火车到站后，于本水双手各拎一只笨重的行李箱，跟随前面的同志，往站台纵身一跳，立即感到腰部一阵巨痛，他马上意识到刚才这一跳让自己的腰部受了伤。果然，当天晚上，于本水就腰疼得无法入睡，同志们劝他待在7号休息。“阵地测试的每一天，我都必须亲临现场负责指挥。不能在这样的关键时刻离开呀！”于本水内心非常焦急，他决定不能因自己腰伤而拖延试验进度，硬是带伤坚持到阵地指挥工作。腰不能弯，他只好直挺挺地站着。就这样，一直坚持到试验结束。

1988年春节过后的定型试验，是周期最长的靶场试验。试验队进场时正值隆冬，等试验任务结束后返回北京时已是6月。去时，大家穿着棉袄，随着天气逐渐转暖，他们把棉内衬取出，只穿外边的

1984年，试验队领导一起研究遥测数据（从左至右：王少秀、钟山、王恒谦、于本水、军代表）

罩衣，到五六月份天气炎热再脱掉外罩衣，只穿衬衣。

在人迹罕至、信息闭塞的戈壁滩，单调、乏味成为试验队生活的主基调。白天，大家忙着各自手头的工作，到了晚上就难熬了，茫茫戈壁连人烟都很稀少，更别提什么文化娱乐生活了。于是，仰望星空，扯扯家常，也算是枯燥生活的一种调剂。

为了一个共同目标，试验队成员远离京城和亲人，来到荒漠戈壁，相互间结下了胜似亲人的感情。于本水的爱人朱小泉心疼丈夫，托人带来一些花生米、巧克力、奶糖等零食。东西一到手，于本水就招呼大家一起来分享。天天在戈壁滩吃难以下咽的海带炖粉条，见到难得的美食，大家便毫不客气，一哄而上，狼吞虎咽地吃起来。于本水在一旁笑眯眯地看着大家，比自己吃了还开心。

1988 年，《红高粱》电影插曲《妹妹你大胆地往前走》流行一时，住在荒凉戈壁滩的试验队员，在期盼打弹的日子，每天都唱着“妹妹你大胆地往前走，往前走，莫回头，通天的大路，九千九百九……”那不是唱的，是吼的，是借以抒发生活单调和试验压力的一种方式。

对此，于本水有个风趣的说法：试验队“平均无故障时间”100 天，意即试验队在靶场时间最好不超过 100 天。可见，戈壁滩条件之艰辛。

10.“二院真有两下子”

试验基地开展定型试验期间，发生了一个“小插曲”，让基地总师吴克对于本水刮目相看。

正常情况下，发射筒后有一根导弹在位线，只要这根连线不断，制导站即显示导弹在位信号，程序自动往下进行。

一次发射导弹，操作人员按下发射按钮，只听“呼”的一声，筒盖飞出去，将导弹在位线震断，发射程序即默认导弹不在位，不往下进行，发动机点不了火，导弹没有发射出去。

现场立即进行排故。于本水凭着对导弹的认识和经验，认为导弹本身没有问题。他让基地操作人员将导弹在位线接上，排除了断线的可能，继续进行测试和发射。但新的问题随之出现，导弹舵面“咣”地一下振动起来。

现场有人给于本水打电话：“于总，你的导弹不行了，振了。”打电话的人是基地总师吴克，于本水的老乡。吴克为人直爽，干起工作来有一股倔劲儿。

接到电话，于本水火速赶往现场。因为定型试验期间，一旦导弹有不合格情况，定型结论中就算一发导弹失败。在深入了解情况和仔细查看产品后，于本水断定问题很可能出在已经变形的筒盖上。筒盖一旦变形，动力学平衡被打破，测试时便会产生共振。他对吴克说：“这样吧，你把这个‘帽子’给我拿掉，换个新的‘帽子’装上。”

果然，装上新的筒盖，重新测试导弹，一切恢复正常，导弹不“振”了！吴克由衷地感叹道：“于总，您真行！我算服了。你们二院还真有两下子！”

11. 导弹定型试验的三次历史时刻

第一次令人激动的历史时刻是导弹首次击中机动目标。那是一个晚上，靶机在空中做机动。因为天色很暗，导弹和靶机的曳光器火焰显得非常明亮，远远望去，像两个亮点在追逐。参试队员和现场参观人员都大喊：“加油！加油！”只听“轰”的一声巨响，一团火焰爆发出来，靶机起火爆炸，导弹成功击中靶机，整个现场一片沸腾。

第二次令人激动的历史时刻是两发导弹同时命中两个目标。从不同方向飞出两个机动目标：长空靶机与航模。现场人员眼看着一大一小两个目标直扑过来，说时迟，那时快，只见从发射阵地腾空而起两发导弹，瞬时将两个目标击落。这也是中国历史上第一次用导弹同时击中两个目标。

导弹发射时刻

1984年，于本水（右）和试验队政委王恒谦（左）在试验基地

第三次令人激动的历史时刻是一举命中超低空目标。超低空目标是长空靶机。好事多磨，第一个靶机上天后，自己跌落了下来。现场的同志开玩笑说，靶机害怕了吧。试验队员又接着放飞另一个靶机，导弹迅速起飞，直接将其命中。

12. 紧密团结合作单位

参加低空超低空导弹研制的有十几家厂所，分布在全国各地。要将这么多的单位联合起来，按照确定的导弹总体方案和规定的进度节点开展研制，是一项复杂的系统工程。

在长期抓总的工作中，导弹总体与各分系统之间的协作关系，既有着经年累月的默契，又有着暂时的摩擦与碰撞。回顾整个研制历程，以于本水为首的导弹设计师队伍始终营造着团结一致、和谐工作的氛围。25所李明章是弹上遥控应答机的负责人，他对工作认真负责，从不推卸责任。遥控应答机出现一些技术问题，有时无法通过单机试验验证，心急的李明章便找到总体求援。“那就在全弹条件下做试验！”于本水当即拍板。

就这样，遥控应答机通过多次全弹试验，找出了单机试验无法找到的故障原因。多次与总体合作共同排查产品故障，让李明章非常信任总体。“我们得和总体一致。”这是李明章在各种会上总会说起的一句话。

“技术问题应互相通气儿，非常重要，这样才能把工作做好。”于本水经常这样说。总体设计师有效开展系统抓总的工作作风，在于本水身上得到了最真切的体现。他要求总体设计师在下发任务书、提出总体要求时，要合情合理，不能过分要求。随着研制工作的深入进行，他发现导弹总体只提要求是不够的，在分系统出现问题时，总体还应提供科学可行的解决方法，一起帮分系统解决问题。在他看来，只有总体做到了这两点，才能让分系统信服总体，更好地协同工作。只有分系统都好了，总体才能好，整个导弹系统才能好。

低空超低空导弹采用地面指令制导体制，导弹在飞行过程中接受来自地面的指令，地面同时靠弹上应答机来确定导弹位置。为了实现这一体制，科研人员在弹翼上分别安装了接收和发射天线，用于接收和发射电磁波。

由于防空导弹武器系统通常采用雷达、红外或激光跟踪制导装置，在选择导弹发动机推进剂时，必须考虑推进剂喷焰对无线电及光学信号的衰减及遮挡问题。双基（改性）推进剂尾焰烟雾较少，使红外、激光衰减较小，无线波衰减较大；复合推进剂尾焰烟雾较多，使红外、激光衰减较大，无线波衰减较小。

从理论上讲，电磁波穿过固体火箭发动机在燃烧过程中产生的火焰，会产生衰减。尾焰究竟会使电磁波信号衰减到什么程度？是否会衰减到使导弹武器系统难以工作？由于没有经验，设计师对此存有很大担忧。为此，于本水责成专业所研制出一套火焰衰减测试设备。经过设计师多次进行发动机试验，终于把问题解决了。

通过低空超低空导弹研制历程的磨砺，于本水领导的导弹研制队伍在技术方面积累了丰富的经验，总体与分系统之间配合默契，为日后导弹研制队伍不断创新、不断成功，承担新型号研制任务，打下了坚实基础。

于本水荣获的特等奖、一等功、劳动模范、有突出贡献专家证书

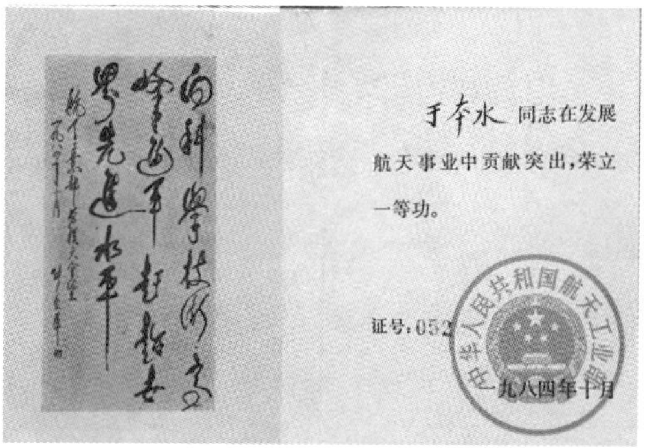

1989年，低空超低空导弹定型会议代表合影（前排右四为于本水）

13. 转战巡航战术地地导弹研制

1986年，为拓展领域，争取更多的任务，二院决定进入巡航战术地地导弹研制领域。彭冠一和戴宗礼等带领设计师队伍，经过艰苦论证，提出把地空导弹改成巡航战术地地导弹的方案。

我国批生产的第一代防空导弹，由于技术成熟和造价便宜，成为改进设计对象，将继承成熟技术和采用新技术相结合。导弹采用成熟的防空导弹弹体和发动机，将驾驶仪、遥控应答机和引信拆掉，换上捷联惯性测量装置和计算机，由指令制导改成惯性导航，实现全程自主制导，并采用高度表引信和改进型战斗部。

1989年年底，巡航战术地地导弹靶场试验不太顺利，用户要求二院尽快落实解决方案。二院决定在现有巡航战术地地导弹研制团队中，增加一名熟悉导弹总体的人员来加强队伍。此时，低空超低空防空导弹研制工作已接近尾声，院长刘从军找到于本水："老兄，请你出山，这个型号需要加强导弹总体！"二部主任陈定昌也想到了于本水。"导弹的问题，到于总那儿就到头了，不要再问了。"这句话，充分体现了陈定昌对于本水抓总导弹工作能力的认可。

1990年，于本水（右）和刘从军院长（左）合影

1990年，型号两总在天安门城楼上合影（从左至右：彭冠一、沈忠芳、吴北生、于本水、戴宗礼）

就这样，巡航战术地地导弹武器设计师系统的新名单产生了。由吴北生担任型号总师，彭冠一、于本水、戴宗礼和马翰秋担任副总师。于本水抓总导弹总体和武器系统总体，从防空导弹研制转战到巡航战术地地导弹研制上来。

吴北生20世纪50年代初从清华大学毕业，曾任二部主任，现任二院科技委主任，总设计师；彭冠一是于本水的老战友，控制系统专家，哈军工第一届毕业生，他和于本水1965年同时调到室里任副主任，后又同时调到二部科技委任副主任；戴宗礼在十年“某工程”攻坚战中，一直和于本水一起工作，他精通业务，实事求是，是一位优秀的导弹控制系统专家；马翰秋是地面设备专家，从1980年到2004年的24年间，他与于本水合作了三个型号，可谓志同道合的工作伙伴，两人又都为同龄人，都经历过解放前的战乱和十年“内乱”，使他们对所从事的事业备感珍惜，以忘我的敬业精神去实践自己的梦想。这种建立在共同价值观基础上的真挚友情，使他们在合作期间很有默契。于本水负责导弹总体，马翰秋负责地面总体，地面要为导弹服务，导弹需要地面支持。马翰秋用“互信、互尊、相互支持”来概括他和于本水之间的关系。

于本水转入巡航战术地地导弹研制工作后，所做的第一件事就是加强研制队伍建设。“领导搭台，专家唱戏。”在二部主任陈定昌的大力支持下，于本水分别从其他型号调来了负责导弹总体的郑时镜、负责武器系统总体的裘兴根和杨德友，以及负责弹上电气和测试的叶权达和徐兆林等，使导弹武器系统队伍得到了加强，武器系统方案也重新进行了完善。

有了新鲜血液的注入，巡航战术地地导弹武器系统和导弹总体方案不断完善。于本水和试验队一起奔赴靶场，对改进后的导弹方案进行验证。

导弹在技术阵地测试，一开始经常出问题，尤其是计算机不适应导弹的环境条件，甚至在转台上转一下，就会出现新的状况。大家各自分头查找原因，这样一来，往往破坏了现场，导致无法确定是测试设备的问题，还是导弹自身的问题，而且很难通过问题复现来验证分析的正确性。

于本水意识到保护现场的重要性，他提出在技术阵地约法三章：第一，出了问题后，测试现场的所有人员不要动设备，要保护好现场；第二，现场要按照规定流程分析原因；第三，在现场组织各专业设计师共同分析和确认原因，再进行验证。

技术阵地约法三章被贴到技术厂房的墙上，要求参试人员按照这个约法去做，测试工作秩序井然，测试过程进入了“暴露问题－技术分析－问题复现－

1991年，于本水（左一）和试验基地总师吴克（左二）等合影

采取措施－试验验证”的良性循环。

在于本水的记忆中，巡航战术地地导弹的技术攻坚之路有两段波折，但在导弹研制团队的共同努力下，最终都圆满解决。

第一段波折是导弹遭遇了惯性组合抗振问题。为此，二部所有结构专家都被请来了，包括杨勤泼、王永平、王长青、赵天国、诸水泉等。

于本水和杨勤泼早就相识。1960 年，于本水刚到五院时，两人就一起在弹道组工作。后在反掠海目标近程舰空导弹和近程巡航战术地地导弹研制工作中，杨勤泼在于本水领导下工作。作为导弹结构的负责人，杨勤泼业务精通，善于钻研。一个棘手的难题，经他思考后总能独辟蹊径，以创新的视角，给出巧妙的解决方案。

在低空超低空防空导弹研制过程中，有一根包裹着铜导线的 W5 电缆，容易被扎破皮。如果扎破皮，铜丝接触壳体后就会发生短路，导致导弹飞行失败。国外导弹就经常出现类似故障。杨勤泼建议在 W5 电缆下铺上一层绝缘带，之后此类故障再未发生过。此事给于本水留下了深刻的印象。杨勤泼后来担任了导弹总装厂副厂长。

惯测组合包含速率陀螺、石英加速度表和电路，装在导弹的四舱里。当时面临的棘手难题，就是如何避免振动条件下惯测组合的非正常输出。结构专家们提出了不少有关减振的建议，研制出试验专用的减振垫。试验结果证明，减振措施可行，较好地解决了振动问题。

第二段波折是解决引信解锁问题。巡航战术地地导弹引信采用高度表体制，在适当高度引信起爆。负责相关设计的张忠荣做了很多试验，证明引信原理可行。但在做匹配试验时，出现了令试验人员困惑不解的难题：一给导弹供电，引信就解锁。

问题必须解决，否则会引起灾难性后果。

于本水到现场后，发现解锁信号设计为一个等电压信号，缺乏抗干扰能力，而这个问题在低空超低空防空导弹研制过程中早已解决。由于防空导弹引信和巡航战术地地导弹引信不在一个研究室研制，相互之间沟通不够，使该型号引信研制走了弯路。

遥测数据分析对导弹研制非常重要。导弹采用捷联惯导体制，弹上装有 3 个加速度表、3 个速率陀螺和 1 台弹上计算机，从弹上测出导弹 3 个加速度分量和 3 个角速度分量，经过计算机计算，得到导弹速度、角度、距离等参数，最后通过遥测系统，将这些宝贵数据及时地传回地面。在巡航战术地地导弹研制过程中，以李家远为首的遥测团队，为获取遥测数据做出了重要贡献。

在于本水主持下，郑时镜等进行遥测数据分析工作。早在 20 世纪 70 年代，郑时镜就与于本水相识，于本水发现他技术功底好，工作认真肯干。在巡航战术地地导弹研制过程中，郑时镜在于本水领导下工作，能力提高很快，迅速成长为导弹总体技术方面的骨干。他后来当上了型号总师，为导弹总体做出了重大贡献。

于本水根据导弹以往的飞行试验经验，在统一时间坐标条件下，将指令过载、角速度、舵偏角、攻角等画在一张纸上，再贴到墙上，让有关专业的同志一起分析、找问题。他有时会长时间地坐在这张图前，反复观看，试图悟出其中一些规律。郑时镜感慨地说：“正是通过巡航战术地地导弹的研制，使我的技术水平大幅提高，悟出了型号研制的规律。”李家远说：“哪怕打靶成功，于总也总是与我们一起获取、分析遥测数据，对我们的要求非常严。”

遥测系统对气动阻力辨识做出了很大贡献。巡航战术地地导弹高度为22~24千米，导弹俯冲时，其飞行速度和理论计算相差很大，原因在于导弹头部表面由于气动加热发生变化，导致阻力增加。无论通过理论计算还是风洞试验，都难以给出阻力系数。气动专业的同志们利用遥测数据，辨识出实际阻力系数，从而解决了这一难题。

于本水主管导弹总体，系统意识非常强，考虑问题全面而深入，逢技术细节讨论都会和大家协商，参考群众意见。他基本功扎实，处理问题得当，又平易近人，对兄弟单位很尊重，从不高高在上。

一次在空军基地进行试验，由马翰秋抓总的地面设备车上的空调坏了，晚上要进行排故。于本水专门从导弹阵地到发射阵地去支持和慰问，这让马翰秋备感温暖和亲切。这件事本不属于本水的管辖范围，但大家同属一个研制团队，他深深地牵挂着晚上还在阵地加班的同志们。

正是于本水这种广阔的胸怀，使研制团队形成合力，拧成一股绳，全力投入到型号研制工作中。

将防空导弹改型为巡航战术地地导弹，开创了导弹历史先河。该型号研制成功后，于本水又带领研制人员创造性地完成了两项以前没有做过的技术工作。

第一项开创性工作是在短期内编制出全套使用维护资料。由于以前没有接触过这项工作，毫无经验可以借鉴，研制人员感到非常困难。凭借着丰富的经验，于本水提出先编写出必须的使用维护资料清单，再确定每份资料的编写提纲。他亲力亲为，组织科研人员进行认真讨论，确定了编写清单，明确了编写内容和具体编写要求，以及每份资料之间的衔接关系，并确定了编写人员。对于主要资料，于本水都亲自审查，提出具体的修改意见。在于本水的精心组织和领导下，按时、保质、保量地完成了全套使用维护资料的编写，用户对此非常满意。

第二项开创性工作是完成了巡航战术地地导弹武器系统维修中心方案的编写。根据型号特点，经过认真思考，于本水组织有关人员开会讨论，明确了维修中心方案的编写内容、编写要求、编写责任单位和编写人员。经过两个多星期的连续奋战，终于完成了维修中心方案的编写，方案中详细规定了维修中心任务、维修项目、维修深度、维修中心厂房建设要求、所需维修设备、维修资料、维修人员要求和应有的维修备件以及维修中心的管理和维修流程等，最后形成了一套完整的维修中心方案建议书，用以指导技术阵地建设。

巡航战术地地导弹荣获航天部科技进步奖一等奖、国家科学技术进步奖二等奖，产生了很好的社会效益和经济效益。

于本水

于本水院士传记

Academician Yu Benshui's Biography

第九章

舰空导弹
由陆转海闯新关

“黄牛下水”，开拓舰空新领域。于本水带领导弹研制团队，集智攻关，突破关键，为筑起我国雄伟的海上长城建功立业。

2008年12月26日，由导弹驱逐舰武汉舰、海口舰，综合补给舰微山湖舰以及直升机、特战队员组成的海军首批护航编队，从三亚解缆起航，驶向遥远而又危机四伏的亚丁湾，拉开了海军护航的序幕。

于本水和所有参与研制工作的航天人一样，心中充满骄傲与自豪。他知道，作为中国海军第一代导弹驱逐舰，海口舰上装备了自己团队研制的具有反掠海目标能力的舰空导弹。

20世纪90年代，作为主管导弹系统的技术负责人，于本水主持研制了第一个具有拦截掠海反舰导弹能力的舰空导弹，并装备在多艘驱逐舰上。他为这项富有挑战和开创性的工作，通宵达旦，殚精竭虑。对于近年来我国海军不断实现的跨越性发展，于本水深感欣慰。这其中，凝聚了他的一分心血和力量。

1. 国外低空超低空反舰导弹研制风起云涌

早在第二次世界大战爆发前，日本就已自主研发并建造了世界上最先进的航空母舰及舰载战斗机，随后又不断建造了大、中、小型配套、攻击与护航兼顾等各类航母共29艘之多，组成了号称世界最强的海军联合舰队。

然而，在第二次世界大战中，日本海军凭借强大的航母舰队率先对美开战获胜，结果又以一艘艘主力航母被美军摧毁而战败。这其中，来自美军大规模的飞机轰炸发挥了重要作用。

二战结束后，美国和苏联等国都开始重视军舰和舰队的防空问题，由此催生了舰空导弹研制。

随着技术的发展，各个国家都认识到，高空、中高空的攻击武器，容易被防空导弹打掉，进而转向从低空进行空袭突防的思路。20世纪六七十年代，反舰导弹，特别是低空超低空进入的反舰导弹，已经成为海军舰队和舰只的主要威胁。对于海军军舰而言，当务之急是研制具有拦截低空超低空反舰导弹能力的舰载防空导弹武器系统。

据世界各国装备反舰导弹的情况统计分析，有70多个国家或地区装备了舰舰或岸舰导弹，其中有20多个国家或地区还拥有空舰或潜舰导弹。从开始研制发展反舰导弹以来，凡是装备有反舰导弹的国家，只要是进行反舰作战，必然首先考虑使用反舰导弹。正是由于反舰导弹具有射击精度高、杀伤威力大、射程远、突防能力强等显著优点，在全球各类反舰武器中，装备最多的是反舰导弹。所以，反舰导弹是水面舰艇的主要威胁，已经成为世界各国海军的共识。

在1982年英阿马岛战争中，反舰导弹发挥了巨大威力。阿根廷使用从法国进口的先进武器设备“飞鱼”AM-39空舰导弹，击沉了英国当时最先进的“谢菲尔德”号驱逐舰，给英军以重创。

由于“飞鱼”导弹成功地突破了英舰的防空系统，以及此前反舰导弹在中东战争中的实战运用，给世界各国海军带来了很大震动。世界各国都认识到海上军舰防空，尤其是反掠海目标的重要性。

2. 中国低空超低空反反舰导弹研制拉开序幕

在世界各国开始重视反掠海目标时，中国海军也不例外。20 世纪 80 年代，中国海军意识到海空的主要威胁来自低空超低空飞行的掠海反舰导弹，这种武器特别难拦截，对军舰威胁很大。1985 年，根据现代舰艇防空作战的形式和特点，特别是针对低空超低空掠海反舰导弹的威胁，海军经过充分分析与论证，提出了对具有反掠海飞行目标能力的舰载防空导弹武器的需求。

当时我国海军主要装备防空高炮，用高炮拦截这种反舰导弹，效率很低。还有一条路径，即进口国外的反反舰导弹，但进口装备价格昂贵，且一旦发生故障，需换件维修时，供货方常会进行刁难，并趁机提出非常高的备件要价。显然，中国作为一个大国，靠进口外国武器是不现实的。

于本水为此作了一个形象的比喻:“我们中国是个大国，不能只买外国的‘鸡蛋’。我们必须学会自己养‘母鸡’，下‘鸡蛋’。”

20 世纪 80 年代中末期，海军提出由二院研制能打低空掠海目标的舰空导弹。此时，二院在研的陆上低空超低空防空导弹研制已接近成功。1987 年，国防科工委下达文件，转发国务院、中央军委批准的关于研制我国新一代具有反掠海目标能力的舰空导弹武器系统的要求，二院作为技术责任总体单位，从此拉开了该型号导弹研制的序幕。同时，于本水被任命为该舰空导弹系统副总设计师，负责导弹研制。

3. “陆转海”跳跃式进入研制

从 1988 年至 1989 年，陆上低空超低空防空导弹已进入定型试验阶段。对于陆上低空超低空导弹型号研制，二院已积累了一定的经验，这成为研制拦截低空超低空舰空导弹的宝贵经验。于本水走马上任，承担了舰空导弹的研制重任。

在研制队伍中，很多人提出这样一种观点：陆上型号研制已有一定的技术积累，上舰型号导弹研制可以跳过模型遥测弹阶段，直接进入独立回路弹阶段。作为导弹技术负责人，于本水同意这种看法，并作出了导弹跳过模型遥测弹阶段，直接从独立回路弹阶段开始研制的重要决定。事实证明，这项决定是正确的，缩短了研制周期，节省了大量的研制经费。

然而，“陆转海”“黄牛下水”毕竟是一项富有挑战性和开创性的工作，涉及的领域之多之广、战术技术指标之高前所未有，需要认真对待。用于本水的话说，“研制舰空导弹武器系统是一项复杂的系统工程，客观上要求总体与各分系统协同一致，形成集智攻关的合力”。

怀着探索者的勇气和决心，带着严谨的科学态度，于本水和他的导弹设计师团队投入到新型号独立回路弹阶段的研制工作中。

于本水反复研究陆基发射和舰上发射导弹的战术技术指标的差异、攻击目标的不同以及作战环境的区别等。经过仔细分析对比，他将自己的研制思路抛出来，梳理出了导弹需要攻克的重大关键技术。通过与研制团队进一步沟通和完善，“陆转海”导弹研制需攻克的八项重大关键技术呈现了出来。

4. 集智攻关重大关键技术

“陆转海”首先碰到的问题是发射平台的改变，即导弹由陆地发射转移到军舰上发射。军舰发射不同于陆上发射，它是动基座，有6个自由度，同时要打非常低的目标，低到距海面几米的高度。

为了避免在军舰运动条件下，导弹在发射筒内出现幅度很大的摆动，于本水组织设计师分析研究发射平台的差异。经过导弹总体和发射筒设计师团队的研究和试验，通过在筒里给导弹加适配器的方法，实现了导弹相对发射筒无相对运动的要求。

导弹从筒里发射出去，会有很大散布，很可能下沉，而且有一定的坠海风险。怎样才能避免这种情况呢？于本水带领团队设计师进行了弹道计算和仿真，找到了解决办法：首先采用高角度发射导弹，导弹出筒以后，飞行一段距离，离海面越来越高，再用控制指令，把导弹高度压下去。通过这种弹道设计，保证导弹不掉到海里。

1995年3月至12月，第一次海上飞行试验暴露出研制工作中另一个重要问题。由于红外跟踪器对导弹的误捕获，未实现导弹与目标交会。

经过分析，红外跟踪器误捕获的原因在于发动机关机时喷出的大量烟团，使红外跟踪器难以判别真假目标。

随着分析的不断深入，答案越来越明晰。当发动机熄火时，其包覆层产生很多碎片喷出来，造成红外跟踪器误跟烟团，从而产生了假指令，使导弹飞行失利。

于本水和他的研制团队群策群力，集智攻关，终于找到了解决问题的办法：将专门为舰空导弹研制的发动机硅橡胶包覆层改为不饱和聚酯包覆。

“陆转海”对导弹提出了更高的战术技术要求：高速、高加速、高机动性和快速反应。除此之外，还有重要的一项，要求导弹对指令的响应要快。这就要求导弹接收到指令后要快速给出过载。即靠空气动力控制的导弹首先舵偏转，然后产生攻角，之后产生过载。该舰空导弹是在所有靠空气动力控制的防空导弹中响应最快的，给个指令，很快就响应。

为此，导弹选定鸭式布局，气动布局在原来陆上导弹的基础上重新进行了改进，特别是在舵面设计上下了功夫，加大了舵面，同时，舵的偏转速度加快，回路响应也快了。

对于靠空气动力产生飞行过载的导弹来说，导弹对指令的快速响应，是提高制导精度的重要措施之一。为了提高导弹对指令的快速响应能力，稳定控制系统采取了增大回路开环增益的措施。

引信在海杂波的影响下会产生误启动，成为引信专业设计师需要攻克的难关。于本水和引信战斗部团队进行了深入研究，他将解决这个关键技术的任务，交给了他的老部下苑林桢研究员来负责。

在导弹超低空飞行、引信距海面高度小于一定距离时，高度表对海面处于跟踪状态，控制引信下底支路的作用距离随高度的减少而减少，对海面保持一个安全距离，从而避免引信被海杂波误启动。

“纸上得来终觉浅，绝知此事要躬行”。引战系统试验技术是获取工程可行性方案不可或缺的重要环节。苑林桢创造性地提出了模拟导弹掠海飞行的滑轨试验和加速试验等方法，这些试验技术在研究和解决舰空导弹拦截超低空目标等工作中发挥了关键作用。

为了研究出舰空导弹攻击掠海反舰导弹时引信高度支路和下底支路的特性，除了用直升机到海面上进行实际吊挂，考察设计是否有效外，苑林桢等人还创造性地开展模拟导弹掠海飞行试验，制造了一个人工海面，放上“飞鱼”导弹模型当目标，把引信放到火箭滑车上，用火箭推动引信运动。通过这个试验，取得了较好效果。

在定型飞行试验中，引信在导弹与目标交会时，在小脱靶量条件下，两次出现不启动问题。即制导精度高的时候，引信不启动。

这是定型试验期间暴露出的一个严重问题。飞行试验被迫叫停，故障机理不清。于本水、苑林桢、于俊福等人经过细致分析，创造性地利用炮射试验，复现了引信在上述状态下的不启动现象，很快解决了问题，为顺利完成定型试验做出了重要贡献。

为了减小体积和重量，引信采用收发共用体制。发出几个脉冲，再反射回来。在收的时候，要把发射波门关上。引信离目标越近，反射回来越快。假设波门时间出现超差，收的时候，波门还没打开，反射信号就收不到。实际是波门调节精度问题。引信离目标越远，反射回来的时间就越长。如果再考虑高低温变化对波门的影响，误差就会更大。通过试验，进行问题复现，摸清了故障机理，顺利地解决了这个问题。

接下来，继续进行定型试验，打了两发，引信启动得非常好，均获得圆满成功。其中，引信研制单位利用引信完成故障归零，对硬件进行调节；总体部在梳理故障机理、复现故障现象、发现问题原因等方面，起了关键作用。

电磁兼容问题是有别于陆基导弹的一项重大关键技术。一艘军舰，集成了很多电子设备，电磁环境极其复杂，与陆基电磁环境差异巨大。导弹上舰之后，电磁兼容问题接踵而来。导弹“陆转海”，筒弹和导弹必须要有承受军舰上复杂电磁环境的能力。

1990 年，在武汉进行了导弹和火工品的电磁兼容摸底试验，发现了导弹上电子设备的一些薄弱环节。于本水指导设计师对设备进行改进，继续试验，直到成功。

1997 年，于本水和他的团队带着一发总装完成的导弹，奔赴海军基地，上舰进行电磁兼容试验。为了增加试验条件的严酷性，试验时把军舰上所有能产生电磁辐射的设备都打开。结果，导弹经受住了考验，导弹的电磁兼容性得到了验证。这让所有参试人员都松了一口气。参加试验的海军官兵都说，这个导弹很“健康”。

1996年，舰空导弹发射成功后，航天科技人员与海军部队有关领导合影留念（从左至右：郭春山、海军试验基地副司令员、于本水、103 舰舰长、孙连举、袁起、杨存富）

适应舰载环境的导弹安全性问题，是急需解决的一项关键技术。和陆上相比，军舰更强调安全第一，一旦出事就会危及人员、设备，甚至会因为导弹爆炸而导致舰毁人亡。为满足舰载环境下的安全要求，对发射筒、固体火箭发动机和战斗部的火工品采取了多项安全性设计措施。

第一道保险是发射筒火工电路安全性设计。在发射筒前端安装一个微动开关，发射筒前盖如果没抛出去，火工供电电路处于断开状态。只有抛出前盖才能接通开关，火工点火电路接通，火工品才能被引爆。

作为安全性设计的重点对象之一的固体火箭发动机。在电场强度达到一定值时，有可能通过点火电路导线，产生很强的感应电压，使其点火。所以，在点火电路中采取了措施，加装了高频滤波器，保证了发动机在舰上强电磁辐射环境下的安全性。

战斗部的安全性设计非常重要。为此，设计了安全引爆装置。安全引爆装置采用三级保险措施，即使引信误启动，或在出现其他意外时，电雷管被引爆，战斗部也不会爆炸。

海上环境问题成为舰空导弹研制成功最后需要克服的一项关键技术。在海南调研时，于本水发现，凡是朝着海面的钢铁结构，都被海上的氯离子腐蚀了，而背海一面的钢铁结构则相对较好，所幸整个

于木水讲述低空超低空防空导弹技术

导弹是放在发射筒里的，微环境较好。但舰面设备暴露在外，极易被腐蚀。海军的同志介绍说，最严重的一次腐蚀是某次军舰远航到东南亚，舰艇上的一些铝质接插件都被腐蚀酥化了。

为了攻克导弹的重大关键技术，于本水和他的研制团队呕心沥血，夜以继日地忙碌着。多少个不眠之夜，他们忘记了时间和空间，用疲惫的双眼迎来旭日东升。从东到西，从南到北，他们的足迹踏遍各个分系统生产基地，做试验、跟产品，小到弹上零部件的生产控制，大到全弹试验。寒来暑往，草木枯荣，几度春秋，于本水领导他的团队陆续攻克了由陆上转向海上研制遇到的重大关键技术问题，成功地完成了导弹型号研制，填补了国内空白。

5. 五脏六腑做“相对运动”

从20世纪80年代开始的舰空导弹技术探索，是舰载装备技术中的顶尖高难技术，尽管舰空导弹研制团队已在前期的探索中，作出了艰辛的努力并形成突破，但真正要暴露问题，掌握舰载防空导弹技术，还要通过上舰试验，才能实现。

舰空导弹除了有3次在陆上进行飞行试验外，其余7次试验都是在海上完成的。最初的几次海上飞行试验安排在105舰上。试验队员们每人背着一个简单的行李卷就上舰了，有时，从海上回来的时间太晚，军舰进不了港，大家只好在舰上过夜。舰上空间狭小，没有多余的舱室安排给试验队员，海军战士就把自己的舱室腾出来，让给试验队员住，自己则睡在甲板上。舱室比较密闭，通风条件不是太好，床比火车的卧铺还窄，大家对海军战士艰苦的海上生活有了亲身体验，更增添了对他们的几分敬意。

上舰试验遇到的种种困难是地面试验不可比拟的。从事海上型号研究，其条件比陆上型号艰苦得多。

军舰上的补给经常不能保证。有一次，军舰在海上航行，天已黑了，不能进港补给，所以，第二天没有早饭吃。年近六旬的于本水就饿着肚子继续工作。

晕船是上舰做试验的设计师们经常遭遇的问题。海上风大浪高，军舰航行时会随波起伏，一旦军舰抛锚停下，这种沉浮感就更加明显。每当这个时候，于本水就跟大家开玩笑说：“肚子里的五脏六腑又在做‘相对运动’了。”他是想通过诙谐幽默，缓解大家的不适。

总设计师钟山、副总设计师马翰秋和于本水一样，是为数不多、没有晕船反应的人。但不晕船的人只占少数。上舰人员中，和于本水年纪相当的老设计师占到多数，每逢舰船出了港口，遇到涌浪，不少人就趴在甲板上开始呕吐，试验队员谢占鳌把假牙都吐到了海里，黄槐晕船难受得不能动弹。但试验一开始，大家又全身心地投入工作，全然忘记了身体的不适。

设计人员不仅要克服在舰上吃不下饭、呕吐不止等生理反应，还要时时刻刻注意在甲板上开展工作时努力保持身体平衡。尤其到了冬天，甲板上容易结冰，人走在上面一不留神就会滑倒。有一次，于本水和马翰秋在舰首工作，突然打来一阵涌浪，舰艇摇晃起来，两人感觉要晕船了，便商量到舰中央休息一下，那里是舰上最稳定的地方。当两人摇摇晃晃、相互搀扶着向舰中央走去时，于本水脚下一滑，摔倒在甲板上。马翰秋赶紧去拉他，结果也重重地摔在了甲板上。两个年近七旬的老战友看看对方狼狈不堪的样子，像两个老小孩，笑得乐不可支。

舰上发射导弹时，于本水一般待在遥测舱内。负责遥测数据处理的吴殿迎、顾海良等，在靶试结

2002年，于本水院士（左二）和杨存富副总师（左一）、杨松荣副总指挥（右二）、马翰秋副总师（右一）合影

束5分钟后将数据处理出来。于本水从遥测数据中挑出十几个能表征导弹工作性能的关键参数，便可获知导弹工作是否正常。

6. 导弹测试实现数字化

导弹测试是导弹研制、生产、使用全过程的重要工作项目，用于检测导弹系统的功能和技术性能，进行故障定位。导弹测试技术专家邢士琴，1965年毕业于北京理工大学，其负责研制的导弹检测设备，可以在1小时内完成对导弹100个参数的检测，并判断导弹是否合格。1980年，邢士琴参加于本水领导的陆上低空超低空防空导弹研制工作，其后又参与了舰空导弹研制。

邢士琴认为，在舰空导弹测试系统从设计、研制直到2001年2月完成定型工作期间，于本水起到了至关重要的作用。他谙熟导弹性能，掌握导弹特性，并以其技术优势用各种形式帮助测试系统相关设计人员了解导弹，组织授课、座谈，与导弹设计人员进行技术交流等，使测试系统设计师们很快掌握了导弹的组成、特性以及基本工作原理，为测试系统设计工作打下了基础。

谈到这位与自己共事多年的老领导，邢士琴说："于总既掌握国内外的先进技术，又了解我国国情以及军方对导弹测试设备的使用要求，以他先进的设计思想、设计理念和实事求是的精神指导测试系统的方案设计、技术设计工作，使测试系统工作取得了很大的进步。"

为了掌握第一手资料，于本水带领设计人员走出去调研，在北京、天津、上海、哈尔滨、西安、贵州等地，都留下了他的足迹。调研取得的第一手资料，给设计工作提供了很好的技术储备。

在设计、研制、试验、定型工作中，于本水总是和设计人员在一起。他经常检查工作，指出不足，肯定成绩，鼓励进步。遇到困难时帮助分析，想办法解决问题，也与同志们共同分享成功的喜悦。

导弹测试系统控制台

在低空超低空导弹研制阶段，导弹测试使用手动测试方式。在舰空导弹研制阶段，于本水找到邢士琴商量：“你看我们能不能上自动化呀？如果能上自动化，就可以大大提高工作效率。”于本水对新技术的了解和接纳态度，令邢士琴十分佩服。

见邢士琴一时没吭声，于本水关切地问：“有难处吗？”“有啊，缺钱呐。”邢士琴直言不讳地回答道。“这样吧，我们到院里开会时，你唱红脸，我唱白脸，争取一下。”于本水回应道。

没想到，在院里的会上，总设计师钟山当场表态予以支持。几天后，于本水找到邢士琴，高兴地说：“你可以订货了。”从此，导弹测试步入自动化时代。

一次飞行试验，出现了一个设备故障。国防科工委一位副主任来检查工作，他要求将待试导弹全部分解，进行单元检查，认真排故，并派出一位局长来二院督促落实。于本水派导弹主任设计师郭春山给局长说明不需要分解的道理和好处。同时，安排邢士琴把所有待试导弹测试一遍，将测试结果（共 100 多个参数）提供给这位副主任，并说出不需要分解导弹的道理。这位副主任看过之后，说：“我明白了。你们的全弹综合测试能力太强大了。”

说起于本水，邢士琴常对身边的人讲：“于总比我大十来岁，但他接受新生事物的态度和能力比我强得多。他思想开明，听得进大家的意见，即使是不同的观点，他也允许别人畅所欲言，然后在大家讨论的基础上，再归纳总结，集思广益。”

7. 型号研制成功的法宝

有人曾问于本水："你主持的两型导弹研制成功的秘诀是什么？"

于本水给出的答案令所有人口服心服：打造一支优秀的研制团队，严格按照科学规律办事，推行群医会诊制度，注重团队作风，重视地面试验和飞行试验，则事必成功！

于本水一直认为，陆、海两个导弹型号陆续研制成功，很大程度上"归功于有一个好的队伍"。

导弹研制队伍历经陆、海两个导弹型号研制，基本延续和固定下来。由于在研制中涉及多个专业，每个专业必须有一名至几名骨干。说起型号开展的每一项重大技术攻关，于本水总不忘将总体各个专业的技术骨干排在"成果完成人"的前面。

各分系统研制单位，都有和于本水亲密合作、相互信任、相互支持的战友。

多年以后，在谈到队伍的协同工作时，于本水总结道："大家共同研制一个导弹系统，必须做到互相依赖，互相帮助。在型号研制的20多年间，总体和各分系统逐渐形成了可贵的信任和默契。"

对于某些分系统，其技术指标已处在最先进的范围内，但为了导弹总体战术技术指标的实现，分系统还是顾全大局，作了牺牲，舍弃了本可以报奖的先进技术，就为了实现系统最优。这样的例子在型号研制过程中不胜枚举。

自动驾驶系统研制单位的程云龙总师是于本水在莫斯科航空学院的老同学。每当出现问题，于本水和程云龙就会坐下来面对面地讨论，开诚布公，试图找到解决问题的办法，再回各自单位落实。

再有一个典型事例是，为了总体大局，牺牲设备的先进性能。舰空导弹装有红外辐射器，靠地面发指令，经遥控应答机控制点火。在一次半弹测试时，出现了红外辐射器误点火信号。

经过分析，发现原因在于遥控应答机在改进设计中采用了先进的电子开关，不能阻挡摇摆测试时在线路中产生的锯齿形电脉冲。该干扰信号通过转接盒的自毁供电引入遥控应答机中，使遥控应答机点火电路中的继电器动作，形成误点火信号。在实弹测试中，将会引起重大事故。

“算了，还是得改回去，不能为完全追求先进，还是要从全系统的角度综合考虑。”在于本水的建议下，电子开关又回归到继电开关。

于本水带出的研制团队都有一个共同特点，即严格按照科学规律办事，一丝不苟。从产品设计到试验，每项工作必须做到位；方案和技术设计涉及到的关键技术必须论证到位，尤其在试验阶段，地面试验必须充分。为此，低空超低空防空导弹荣获中国航天科工集团公司“金牌”项目。

导弹地面试验有两种：一种是常规试验，这是必做的试验；还有一些是原

2009年，低空防空导弹战线上的领导们合影（前排从左至右：杨存富、钟山、徐乃明、于本水、马翰秋；后排从左至右：黄振华、侯萍梅、李善春、陈国新、金其明、王尚虎、杨松荣）

理性试验，根据型号特点也是必须做的。此外，导弹风洞试验、引信掠海挂飞试验、应答机挂飞试验等，也是必做试验。设备舱的可靠性增长试验，特别是电子设备的可靠性增长试验也必须做，通过可靠性增长试验，可以发现不少薄弱环节。

之所以如此关注地面试验，是因为于本水和许多航天人一样，始终牢记质量可靠性是航天军工产品的生命线。他一贯主张：要确保产品质量及可靠性，必须进行充分的地面试验。依靠现有技术条件，地面还不能够完全再现复杂的天上环境。正因为如此，地面试验更应该做到位。

于本水举了一个实例：在导弹实际飞行过程中，温度和振动同时施加到弹体，振动也是三轴复合施加。所以地面试验，只能把复杂环境拆分成若干项来做，随着技术进步，再开始做复合环境试验，但天地一致性问题仍不可能完全解决。

于本水主张“群医会诊”，推行文件会签制度。航天产品是多学科的集成，一旦出现问题，通过群医会诊，各专业人员集思广益，很快会商讨出解决问题之道。

文件会签制度，也是于本水注重技术民主的体现。一份文件下发前，他要求有关方面必须会签。比如报告涉及五个方面，这五个方面的负责人都要在报告上签字。如自动驾驶仪问题，控制系统主任设计师作为主要负责人要会签；涉及结构、电气、总体问题等，由结构主任设计师、电气主任设计师和导弹总体主任设计师会签。

待于本水最后批准时，除了要看到编写报告的设计师本人签字外，一定还要看到报告内容涉及到的其他专业主任设计师的签字，这样就不会犯片面性错误。

一支优秀的研制团队一定要有严慎细实的工作作风，实事求是，不能浮夸。艰辛的科研之路证明，失败为成功之母，成功是由一个个失败铺就出来的。于本水清楚地知道这一点，所以他要求所有设计人员要以实事求是的态度，面对研制过程中暴露出来的每个问题。

在于本水看来，导弹设计师最后的考试是在靶场甚至是在战场。他常常鼓励大家，暴露问题不要紧，现在多一次失败，将来才能多一分胜算！他经常说一句话：“我们搞导弹，不是卖假药，卖完了拿到钱就跑。我们的导弹要在天上飞行，要在战场上考验。”

于本水非常重视飞行试验，强调飞行试验验证的充分性。考核战术技术指标的严酷弹道，都要通过飞行试验验证。他对于目前一些型号研制中为了提高成功率而避开严酷弹道的做法非常不赞同，认为如飞行试验时避开了，交付部队使用时就可能出问题。所以，他一再强调自己的观点，一定要在飞行试验阶段把最严酷的战术技术指标考核到位，以避免交付部队后出现反复。并且对飞行试验出现的问题，一定要按照“质量问题归零双五条标准”要求，认真分析解决，严格执行“技术归零”和“管理归零”（“技术归零”包括定位准确、机理清楚、问题复现、措施有效、举一反三；“管理归零”包括过程清楚、责任明确、措施落实、严肃处理、完善制度）。

于本水荣获的国家科学技术进步奖一等奖、国防科学技术奖一等奖证书

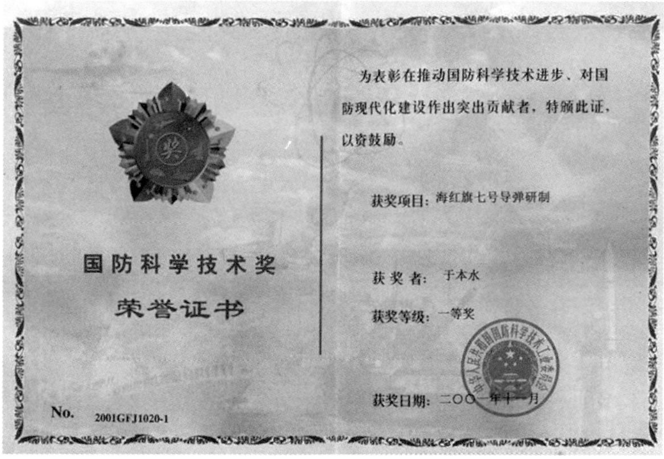

于本水院士传记

Academician Yu Benshui's Biography

于本水

第十章

三代导弹 野战防空抗精导

历经30年的导弹武器系统工程研制，于本水已成长为一位经验丰富的专家。年近六旬，他激流勇进，承担起型号研制总设计师的重任。

在1991年的海湾战争中，以美国为首的西方军事集团对伊拉克发动了军事打击。这次战争的打击模式与以往历次战争不同，精确制导武器已成为现代战争的主力，由于伊拉克仍然采取以前的作战思想和模式，双方不成比例的伤亡数字与伊军惊人的溃败速度，不仅成就了一段高技术武器的神话，也推动了世界再一次新军事革命的浪潮。

这场战争使中国高层领导看到了中国军队的作战思想、军事装备与先进国家的巨大差距，认识到国防重点必须放到发展航天事业上。同时，对我国航天领域也提出了新的课题，即现代防空导弹作战目标必须从以前的反飞机为主改变为反精确制导武器为主，我国在役防空导弹已适应不了现代战争的作战需求，必须进行升级换代。于是，更加适应现代国防需求的第三代导弹——陆军野战防空导弹武器系统研制工作在航天二院拉开了序幕。

1. 研发陆军野战防空导弹

长期以来，我国陆军防空装备以火炮为主，没有专门的防空导弹武器。以前研制交付的防空导弹主要以国土防空为主，同时兼顾陆军使用。由于陆军武

于本水（中）等和俄罗斯金刚石科研生产联合体总设计师本京（右）在一起

器使用环境和条件与国土防空有很大的差别，导致陆军使用防空导弹多有不便。从当时的作战需求来讲，陆军近程防空导弹针对的对象主要以精确制导武器（如空地导弹、巡航导弹、反辐射导弹）为主。

1992 年春，俄罗斯在北京举办了一场陆军武器装备展览会。会上，陆军野战防空导弹系统引起了中国陆军和研制部门的极大兴趣。全套武器装备在一辆履带车上，可行进间搜索，停车即可发射，目标主要针对精确制导武器。不久，陆军装备部门组织人员到俄罗斯谈判，购买陆军野战防空导弹系统，于本水和陈定昌作为专家，被特邀参加了谈判全过程。

中国是个大国，不可能靠买装备建设国防。无数经验证明，买来的装备往往不能完全适应中国国情。另外，在关键时刻，当设备需要维修、补充备件时，出售武器的国家往往会从中阻挠，或在政治上百般刁难，或在经济上要价很高，所以必须依靠自己的力量研制武器。20 世纪 90 年代初，国防科工委作出重要指示，要求航天二院自主研发陆军野战防空导弹。

接到这个指示后，二院立即成立了两总系统，并且着手组建设计师队伍。有多个型号研制经验的于本水再次挑起了大梁，承担起型号总设计师的重任，开始了新的使命和任务。

陈定昌院长亲自上阵，担任型号总指挥，任命于本水为总设计师，陈国新、王语光和金其明为副总设计师，同时任命了一批主任设计师。主任设计师属于新老结合。二部的老同志有孙连举、徐兆林、黄荣度，他们都是20世纪60年代至70年代大学毕业参加工作的。还有一批年轻的主任设计师，他们都是20世纪60年代出生的人。这样一批60年代大学毕业和60年代出生的人组成的主任设计师队伍顺利组建起来，研制工作随即紧锣密鼓地开展起来。

型号研制的首要任务是明确研制思路。以陈定昌总指挥、于本水总设计师为首的研制队伍，根据我国科研、国防工业现状和二院型号研制的实际情况，确定了“继承、借鉴、提高”的指导思想，从研究国外经验开始迈出第一步，这个思路与国防科工委的要求一致。实践证明，这是一条可行的途径。当时中俄两国关系比较密切，对外交流合作较多，而且像于本水这一代科学家留学苏联的较多，熟悉俄罗斯的航天情况，也与俄罗斯航天界很多科学家关系良好。应该说，这条途径对我国第三代陆军野

于本水总设计师（左三）和陈定昌总指挥（左二）等一起研究问题

战防空导弹系统研制，起到了推动作用。

我国自己的经验也是不可缺少的宝贵财富。二院已经完成了多种型号研制，积累了丰富的近程防空导弹研制经验。在这些基础上，开展了导弹方案论证和方案设计。从二部型号队伍来讲，既有丰富的国土防空导弹武器的研制经验，也有海军防空导弹武器的研制经验。陆军导弹使用环境比较特殊，要求比较苛刻，接手研制此型号任务，面临很多困难和挑战，需要进行技术创新。

2. 论证高度集成的武器系统

在方案论证中，单车集成方案可行性论证，首当其冲地成为需要立即解决的问题。单车集成就是将全套装备集成到一辆车上，其中包括一部搜索雷达、一部制导雷达、计算机系统，还有数发导弹，以及辅助设备等。这是我国第一套单车防空导弹武器系统，是二院消化吸收类似国外装备实现的一项重大技术创新。

我国第一代防空导弹武器系统，其显著特点是多、大、笨、重，一个营的作战装备要装一个专列，包括庞大的使用维护设备。第二代导弹武器系统相比第一代，已经实现了相对小型化。由于采用了固体火箭发动机，以及设备高度集成化，使用维护方便，但一个营的作战装备仍需装三四辆车。现在要求所有装备必须集中在一辆车上，难度非常大，需要上一个新台阶。

要研制这样一辆高度集成的武器系统，一切都要进行小型化设计，非常困难。

首先，总体方案论证尤为关键。作为总设计师，如同战役总指挥，于本水需要对很多事情进行决策，面临的责任和压力可想而知。比如，制导体制选择就是很关键的一项工作，要在寻的和指令制导上做出决策。两种制导体制在类似近程防空导弹上都有应用实例。如果采用寻的制导体制，对导弹地面雷达的依赖就少些，可以减轻对地面雷达的压力，对单车集成有利，但却会使导弹制造成本提高很多。

于本水带领研制队伍，通过充分论证国内外相关型号，根据中国情况，并结合自身特点，决定采用指令制导。指令制导有其优势所在，在抗干扰方面，比寻的制导略胜一筹，并且二院从研制导弹之初就一直在使用指令制导，具有雄厚的技术基础。

其次，在搜索雷达的选择方面也颇费周折。如果选择不当，便会导致整个方案的反复，甚至严重影响整个武器系统的研制进度。所以在论证阶段，必须综合考虑多方面的影响因素，既要满足武器系统的作战使用，还要满足作战准备、单车集成、机动和运输要求。

陆军野战防空系统对雷达的要求与过去不同。过去导弹是以飞机为主要目标，而飞机的飞行方式主要是平飞。此型武器的主要目标是精导武器，精导武器的俯冲角度变化范围很大。因此要考虑更大的工作角度，所以难度很大。

在方案选择上，要同时兼顾中国的工业基础以及研制单位的专业能力。

在雷达体制的选择问题上，于本水主张不急于下结论，要求多做调查研究。总体部派出设计师到国内雷达技术水平最高的研究所进行调研，最终采用了合适的技术途径。这个决策是在总体部与专业所专家意见不一致的情况下，经过反复讨论，逐步

1998年，于本水（左二）参加导弹某分系统验收会

统一意见后，最后由于本水拍板做出的。

这是在单车集成上比较典型的问题，实际上在整个方案论证阶段，类似的问题还很多。要完成这样一个国内首创的单车集成武器系统方案，对于我国来说，无论从设计上，还是工业基础上，要克服的难题很多。

3. 拍板定下导弹创新方案

导弹方案论证和制定，是导弹研制的核心。于本水的专业是导弹设计，回国后也一直从事这项工作，对导弹方案的论证极为关注。在导弹方案论证上，气动布局的选择和设计，是要解决的第一个关键环节。与过去不同，该导弹采用带旋转弹翼的鸭式布局。这是一种全新的气动布局形式，这种设计思路打破了惯例，对我国的研制人员是一项创新。

对于鸭式布局，我国的设计师并不陌生，通过以前型号的研制，已很好地掌握了此种设计方法。鸭式布局在低空时很好用，比如在升阻比和快速性等方面，效果较好，但必须安装副翼。当时，在弹翼上安装副翼是鸭式布局导弹解决斜吹力矩的普遍方法。之前认为在鸭式布局中，控制面既作舵又做副翼是不可能的，为禁区；如果用作副翼，不但不能起正作用，还会起反作用。导弹经典理论书上就是这么写的，于本水在俄罗斯留学时老师也是这么讲的。鸭式布局自身即可产生斜吹力矩，如果鸭舵又作副翼，整个导弹滚转力矩将放大数倍。采用旋转弹翼方案可以解决这一关键难题。通过弹翼旋转，“化掉”加在导弹上的斜吹力矩，有一点像太极拳中的“化力”功夫。不过旋转弹翼设计，还必须就弹翼旋转对导弹气动等方面带来的影响进行深入研究。二部的气动专家谭勃和一批青年专家对此做了大量的工作，最终搞清楚了弹翼旋转对气动的影响。

这种气动布局在我国属于首次使用，论证和研制过程中，遇到了不少问题。在于本水的带领下，依靠我国设计师的聪明才智，把这条路走通了。这是一个了不起的创新，避免了安装副翼带来的一系列问题，同时为我国后续防空导弹研制，积累了宝贵的经验，开拓了设计思路。

在导弹研制方面，于本水亲自拍板，定下了一整套先进的创新方案。这样的设计要求，既要求导弹具备全向打击能力，还要具备打击近处目标的作战需要。这是我国首次使用的创新方式，给研制工作带来了巨大挑战。它的研制成功，无疑将使我国防空导弹研制能力迈上一个新台阶。

4. 确定重大关键技术方案

在导弹研制的所有关键技术中，攻关难度最大的是快速转弯系统，这项关键技术，我国以前从来没有接触过。研制燃气系统首先要研制一套燃气源，其次要研制相应的燃气控制装置。这套系统的研制要克服很多技术难题，首要问题是要克服高温带来的结构设计、材料选择、防热等系列问题。

作为型号总设计师，于本水显示出了非凡的识人用人才能。在他的决策下，燃气系统由二部负责抓总。在这项关键技术的攻关上，于本水选择了八室副主任王长青研究员，他早年参加过液压能源研制工作，现在由他来负责这套燃气系统的研制工作。实践证明，于本水选对了人。王长青在导弹结构和姿态控制燃气系统方面做出了重要贡献。多年后，很多在于本水手下工作过的人，都佩服于本水会带队伍，会用人。

俗话说，“强将手下无弱兵”。于本水挑选的各个系统的设计师，每个人都很胜任自己的工作。这套燃气系统设计难度最大的就是从弹身喷射燃气后带来的一系列问题，现有的国产材料承受不了这种严酷的环境条件。于本水指导设计师调研了很多单位，最后由国内某研究所研制成功。

燃气控制系统地面验证试验也是从零开始。地面试验是航天产品研制过程中的关键环节，能在地面进行充分验证的问题，绝不能留到飞行试验时去验证。地面试验充分，对飞行试验产品一次成功具有很关键的作用。

我国过去的近程导弹都采用电动舵机，因此，型号队伍对电动舵机比较熟悉。对于该型导弹，综合考虑快速系统和舵的伺服系统，认为采用燃气舵机是最优方案。但是，用燃气舵机给导弹设计带来了困难，对导弹的体积和重量也会带来不利影响。总体设计师们积极刻苦地研究国外的设计经验，在燃气舵机系统的设计上取得了很大进展，体积、重量也达到了小型化要求，同时，燃气舵机的快速性实现了较高的指标。于本水和他的设计师队伍最担心的舵机燃气温度高的关键技术难题，通过多轮降温设计，几经周折，终于顺利解决。转弯燃气和舵机燃气系统实现了集成设计，设计思路巧妙，解决了燃气系统小型化的设计要求。

燃气系统关键技术的成功突破，使我国在快速转弯设计、燃气舵机系统设计、防热材料等方面的科研能力得到大幅提高。

与燃气地面试验台一样，总体设计师们还设计了一套地面转弯试验平台，对快速转弯系统进行了地面试验——“零速转弯试验”，以验证燃气系统和其他系统设计是否合理。

发动机空中点火也很关键，如果导弹发动机不能点火，导弹就会掉下来，威胁到战车，其后果不堪设想。于本水作为总设计师，自始至终一直很担心这个问题。为了提高安全性，开始试验时，将发射角度稍微倾斜一点儿。为此，总体设计师们设计了一套火工点火系统，当导弹转弯到一定角度时，才让发动机点火，保证点火的可靠性。后来，经过反复权衡，还是觉得这样不够可靠和安全，又增加了一套火工点火系统。

在于本水的带领下，确定了多项关键技术方案。2002 年，于本水担任顾问后，在后来接手的总设计师系统带领下，攻克了这一系列关键技术，成功地完成了此型野战防空导弹武器系统的研制工作。

2000年，试验队领导分析试验数据（前排从左至右：曹伟、陈国新、于本水、金其明）

5. 导弹设计的创新

于本水一直很关注引信战斗部问题。在导弹武器系统中，引战配合相当于足球运动的“临门一脚”。二部过去研制的型号，在引信战斗部方面积累了很多经验。于本水对大的体制和方案的制定进行了运筹，借鉴了过去的技术经验，但不是照抄照搬，而是根据此型导弹的具体战术技术要求，进行了改进和提高。

确定下大思路和大方案后，于本水便将引信战斗部的具体设计工作交给了专业设计师苑林桢和小张。于本水和苑林桢两人合作已久，彼此非常信任。小张是引战专业的后起之秀，技术方面已有了一定的基础。这一老一少完成的引战系统总体设计达到了国内领先水平。引信利用国内已有的成熟技术。战斗部进行了创新设计。为进一步提高引战配合效率，根据不同目标类型，采用连续调节或准连续调节，提高了导弹的杀伤效率。

制导控制系统设计是导弹的另一项创新设计工作。在弹道设计方面，针对低空目标，确定下来的思路是，拦截低空目标时必须先把弹道提高，然后再往下俯冲。根据这个思路，制导控制系统设计师设计了数种导引方法，根据不同目标及其飞行高度灵活使用。稳定回路采用数字式捷联惯导，首次实现了将攻角引入，作为控制参数的方法。原来仅靠过载控制会带来问题，导致机动时有可能超过最大可用攻角，从而造成失速。

通过反复论证、精心设计和多次试验，最终确定了野战防空导弹武器系统总体方案，为后续工程研制阶段打下了坚实的基础。

6. 对青年一代“扶上马送一程”

2002 年，68 岁的于本水退居二线，担任该型号顾问，将总设计师一职交给了比他小 10 岁的陈国新，但他的心却从未离开这个凝结着他多年心血的型号。靶场飞行试验，他亲临现场，帮助把关分析问题；飞行试验故障，他花费大量心血，帮助型号队伍进行故障分析和归零。

2004 年，导弹完成了独立回路阶段研制，奔赴某试验基地开展飞行试验。由于飞行试验出了故障，于本水在 70 岁高龄仍亲临靶场，指导试验，帮助型号队伍进行技术分析，并在靶场度过了自己难忘的 70 岁生日。由于定位准确，故障很快归零到位，重新开展飞行试验，并且取得了圆满成功。

由于前期几次飞行试验，暴露出发动机振荡燃烧即不稳定燃烧问题。于本水帮助设计师队伍反复研究，制订细致的排查方案，做了很多相关的试验，逐渐摸索到了不稳定燃烧机理。不稳定燃烧分高频不稳定燃烧、低频不稳定燃烧和脉动式燃烧三种。

2004年，于本水院士（左四）和钟山院士（右四）、副总设计师徐兆林（右三）、引战专家苑林桢（左三）等在某试验基地合影

在燃烧的不稳定工况产生和扩展过程中，起作用的因素包括：气流变形造成的涡流脉冲式中断、发动机空容积的声学性质、药柱内外通道的气流与振动耦合、推进剂燃烧过程与气流和声振的相互作用等。从固体发动机稳定性来说，装药燃烧到快要结束时离稳定边缘最近，一旦受到外界刺激，就很容易发生振荡。但这种现象在地面试车时很难试出来，经常要到飞行试验时才能表现出来。弄清了不稳定燃烧机理后，于本水提出对导弹和发动机参数进行合理匹配，以此解决发动机不稳定燃烧问题。经过总体和发动机研制单位的共同攻关，通过对参数进行合理匹配，攻克了这个难题。

一次，陆军防空部队进行打靶试验，在拦截航模靶标时，3发导弹飞行试验发生了故障。打靶失利，故障归零工作十万火急。设计师系统立即进行了详细分析，对现有材料仔细揣摩，总体感觉分析难度很大，导弹没有遥测数据，只有战车数据以及发射录像等，分析起来难似考古。用户方意识到故障归零的难度，组织了一个大规模的专家组，参与故障分析工作。

面对来自各方面的压力和技术分析上的困境，78岁的于本水，再一次走到了型号第一线，担任专家组组长。

专家组成立伊始，于本水立即投入到紧张的分析工作中。他从系统总体的角度，提出了“系统分析和专业分析并行、仿真复现和试验验证并举”的方法。他亲自带领设计师开展飞行试验数据分析、残骸分解检查、仿真试验和质量复查，并指导设计师系统对同模块、同批次导弹进行复测和仿真分析工作。

在于本水等人的梳理下，归零工作从前期的纷乱如麻变成后期的井然有序。在归零分析过程中，他提出了以故障树分析、排查为主线，结合相关试验和质量复查工作，完成故障定位和机理分析的解决思路，给年轻设计师提供了一个全新的解决问题的视角。

导弹武器系统故障归零工作是一项技术难度很大的工作，需要多年的实际研制经验，才能从纷繁的故障模式中找到问题的关键。为了尽快找到打靶失利的故障原因，也为了促进年轻设计师的快速成长，于本水放弃了休息时间，组织设计师们对故障树进行深入分析，从顶事件的确立到底事件的逐步分解，层层细化，从系统角度建立了完善的故障树，为后续开展故障分析工作，奠定了坚实的基础。

面对归零工作中反复出现的各种问题，于本水冷静认真、不急不躁，遵循有问题及时协调的原则，循循善诱、条理清晰地与设计师一起分析问题、解决问题；针对分析工作中出现的不影响整体结果的小错误，他并没有放过，而是坚持严慎细实的工作作风，力争将每一个细节做到完美。他认为，试验故障分析过程，也是一个队伍的成长过程，工程研究离不开经验，哪怕是博士毕业，也得要经历型号研制过程的战斗洗礼。

于本水以自己多年的研制经验，亲自指导年轻设计师学习故障分析方法。他的分析思路是：第一，建立故障树。将可能引起故障的原因，统统写进来，不能引起故障的原因，从分析中剔除。第二，进行仿真试验。建立故障树后，对可能引起此故障的现象进行仿真，看仿真结果是否会复现故障现象。第三，借鉴研制经验。翻阅查看以前的飞行试验质量事故，看是否出现过类似故障，发生过的飞行试验故障会成为以后分析归零的宝贵经验。第四，排除法。假设有若干个故障，逐项分析每个故障引起的结果、现象与试验数据是否相符。

由于前期故障树建立得不好，给分析工作带来了困扰。于本水担任专家组组长之后，亲自指导设计师重新建立完整有效的故障树。此时正值春节，他带领年轻的设计师牺牲了在传统佳节与家人团聚的时间，加班加点建立故障树。他敏捷的思维和丰富的学识，令年轻的设计师深深折服。他指导相关专业设计师做控制系统仿真试验。他认为，仿真的关键是建立物理数学模型，仿真工作做得不好，反而会将工作引入歧途，因为模型是技术人员对事物和过程认识水平的一种反映。具有丰富设计经验的老设计师，有时不用仿真也能对设计结果有一个大概的预估。尽管如此，于本水主张还是必须进行仿真。

于本水经常开玩笑说，研究了一辈子导弹，也不知道导弹的压力中心在哪个点，只知道在哪个范围。导弹模型建立过程中，一部分属于可以准确描述的，另一部分属于无法准确描述的，所以设计师对模型的认识非常重要。在他的亲自指导和参与下，通过多次仿真，终于找到了故障设备——惯测组合，并且最终定位为惯测组合的元器件问题。

管理是艺术，技术管理也是艺术。作为专家组组长的于本水，在这次故障定位之后的故障归零会上，通过艺术地主持会议，统一了各方认识，顺利地完成了故障归零。在会上，于本水注意到一位来自航天八院总体部的同志说话比较中肯，便充分利用他的观点，让大家讨论他的意见。与会专家最终都同意了这位总体部同志的观点。这次归零比较顺利，归零之后发射了5发导弹，均获圆满成功，证明归零比较到位。

7.归零工作引导型号研制有序前进

于本水通过多次主持归零会议，总结出自己的心得。他不止一次地对年轻人谈到，主持归零会议主要是技术问题，同时还是一个工作艺术问题。有时候即使技术是正确的，会议也可能开得一塌糊涂，这跟组长的引导有很大关系。组长引导正确，才能顺利地完成归零会议，推动工作有序进行。

对故障归零的责任认定，于本水也有很深的理解。如何能让研制单位心悦诚服地认可故障出自自己的产品，作为专家组组长，主持归零会议，需要掌握一定的方法。往往因为某些原因，研制单位会排斥承担这个责任。所以，主持故障归零的专家组组长不但是个技术活，还是个艺术活。因为故障归零会场的专家来自各个科研院所，大家畅所欲言，各抒己见，作为组长，就必须有正确的见解，不能被个别不和谐的意见所左右，心里要拿定大主意。

某型号故障归零，也是于本水担任专家组组长。一般情况下会认为，固体火箭发动机在大型导弹上使用时，只要地面试车成功，上天飞行一般不会发生重大问题。但防空导弹由于机动性比较大，发动机在地面试车通过以后，上天飞行照样出了问题。这充分说明，在现有的技术水平下，该导弹发动机地面试验的天地一致性问题没有解决。故障现象是，虽然发动机壳体没有烧穿，但是发动机绝热层基本烧蚀完了，导致装配在发动机壳体上电缆罩内的电缆烧断，进而舵系统断电，控制系统不能正常工作。所以，归根结底，还是发动机的问题。

归零会议请来了全国同行业的专家，包括发动机专家和高校教授，有部分同志对这个结论提出异议。在大量的数据分析和残骸分析数据基础上，经过逐层分析，发动机研制单位最终认可了发动机的故障问题。

于本水

于本水院士传记

Academician Yu Benshui's Biography

第十一章

亦师亦友 通百家而精一道

长江后浪推前浪。随着科技人员新老交替，一批优秀的青年主任设计师和总设计师涌现出来，这其中凝结着于本水的不少心血。

从莫斯科航空学院毕业后，于本水就一直奋战在防空导弹研制第一线，是防空导弹工程的领导者和实践者。几十年来，他完成了多个型号的研制全过程，经历了从工程组组长到总设计师的渐进成长过程，建立并领导了设计师队伍，与很多战友和学生在工作中建立了深厚的友谊，获得多项系统技术突破，他的多名学生如今工作在科研生产第一线。

和他一起并肩战斗过的战友们，对于本水发自内心的佩服。与他共事多年的徐兆林称他“亦师亦友”，是团队中的良师益友。与于本水共事20多年的王少秀说，于本水是“我们队伍里德高望重的老帅，也是大家公认的高智商和大智慧的领军人物”。原二部科技处处长陈耀宏认为“于总是解决复杂问题的专家”。原二部副主任郑永澄评价道“于总在解决技术问题时，既是‘无冕之王’，有时又是‘行政长官’，难以解决的问题，到他的手里都能顺利解决”。

1. 善于发现和重用人才

20 世纪 80 年代到 90 年代，于本水在担任型号总设计师或主管导弹系统的副总设计师时，总是想方设法地给一些老设计师留下一定的技术自主空间，让他们获得一定的成就感和愉悦感。他认为，在实践中培养人才，是最为重要的一点。

每当提起自己在防空导弹领域所做的贡献，于本水总是谦虚地说：“成绩是整个导弹团队的，我只是团队的带头人。我是作为空天防御武器技术领域的代表当选为院士的。”

在当选为中国工程院院士后的那个春节，于本水特地安排了一次聚会，把郭春山、徐兆林、王长青、邢士琴、苑林桢、李国柱等曾经一起奋斗过的同事邀请到一起。席间，于本水举起酒杯，动情地说：“大家举杯吧，没有你们这些人，我也评不上院士。没有你们的共同努力，我们的导弹事业也不会取得这样的成绩。”这一番发自肺腑、情真意切的言语，使大家深受感动。

至今，于本水特别难忘50多年里共同奋斗的那些老战友们：张百忍、郭春山、徐兆林、王少秀……他们既是同事，也是朋友和亲人。在那些共同奋斗的岁月里，他们结下了深厚的友谊。成功时，他们一起欢呼；失败时，他们相互鼓励。

张百忍是于本水在莫斯科航空学院留学时的学弟，比于本水低一年级。1962年2月，张百忍学成归国，进入国防部第五研究院二分院二部工作。从低空超低空防空导弹研制开始，他在于本水直接领导下工作。张百忍做事细致、认真，一丝不苟。

有一次，于本水交代他完成一份总体报告。很快，张百忍完成了报告。于本水仔细批阅，发现报告十分严谨，技术细节考虑周到，数据可靠，是一份质量非常高的技术报告。他当即大加赞赏。从此以后，他们彼此非常信任。对重要的技术报告，于本水都与张百忍一起推敲完成。后来，张百忍担任了二部副主任以及另一重点型号副总师，做出了重要贡献。

郭春山是与于本水并肩作战了多年的一位老同事。从20世纪70年代开始，他们两人肩并肩，一起工作了30多年。郭春山生于1940年，1964年毕业于哈尔滨工业大学，还是在26所时，就与于本水相识。那时候，于本水发现他基础知识扎实，而且善于创新，研究方法独具一格。郭春山调到二部后，一直从事于本水负责的型号工作，参与过低空超低空防空、低空超低空舰空等多种型号导弹的研制。于本水感到郭春山已成长为导弹研制的技术骨干，便鼓励他单独承担型号研制的技术领导工作，以发挥更大的作用。经过组织考察，郭春山成为某出口型号的总设计师。

正当于本水倾注全部心力投入陆空野战防空导弹研制工作时，从某试验基地传来一个令人震惊的消息，某出口型号导弹在靶试时出了问题，身在现场的该型号导弹总师郭春山突发脑梗。由于当地医疗条件有限，虽经全力抢救，并辗转送回北京，但还是错过了抢救的最佳时机。

于本水听到这个消息，深感痛惜。没想到，才60多岁的郭春山在突如其来的疾病面前倒下了。当郭春山被送回北京后，于本水放下手头的工作，第一时间赶往医院探望。然而，郭春山已认不出眼前这位与他共同战斗了30多年的老战友了。于本水不由得悲从中来，眼泪夺眶而出。

看到身边又一位战友像春蚕吐丝般献出自己的生命，于本水百感交集。他深知，要奋斗就会有牺牲。为祖国的航天事业牺牲，死得其所。悲伤没有动摇他的信念，反而更加激发起他的斗志。

和于本水共事多年的徐兆林，是低空超低空防空导弹的副总设计师，是导弹电气系统专家，是导弹电气、发控系统、测试系统方面公认的权威。1980年年底，徐兆林刚到二部参加工作，就被安排到于本水担任室主任的一室。随后，徐兆林在低空超低空防空导弹和飞航导弹系列型号研制中，一直在于本水领导下工作。于本水任这些项目的总设计师，徐兆林任主任设计师。徐兆林在低空导弹研制队伍中有很高的威信，导弹电气－发控系统一旦出现问题，于本水总是派他到一线解决问题。

徐兆林给于本水四句评语：待人和善，专业能力强，令人佩服，受人尊敬。在徐兆林的眼中，于本水非常具有团队精神。他带领的团队被大家戏称为“导弹帮”。于本水非常信任下属。涉及到技术方面的问题时，从方案设计到具体技术细节，于本水经常开会，与大家一同讨论，集思广益。他从来不一开始就把自己的想法说出来，担心这样会限制大家的思路，而总是让大家畅所欲言，尽情阐述各自的想法，然后再根据大家的意见做决策。会用人且能发现每个人的长处，是于本水作为领导的显著特点。

徐兆林用“心情舒畅”来概括和于本水共事的感受，他经常对身边的人谈起，于本水是个帅才，不仅技术能力强，还是位优秀的管理者。徐兆林认为：于本水有扎实的导弹理论基础，很多型号的导弹方案都是他主持设计的，他为这些型号的导弹设计打下了坚实的基础；他有丰富的工程经验，可以说是导弹设计方面的顶级专家；他有很强的组织协调能力，他与所在的团队和专业所的工作关系非常好，协调得很顺畅。

在共同工作的岁月里，于本水成为团队设计师的良师益友。在徐兆林的印象中，于本水没有领导架子，大家喊他“老师”，他都不允许；他平易近人，经常和大家交流技术和生活方面的经验。他风趣幽默，讲问题深入浅出，所以遇到问题时，大家都愿意向他敞开心扉，坦诚交流。他不仅是技术带头人，也是大家生活上的好朋友。他能为手下人着想，经常帮助大家，只要他能做到的，都会给予帮助。

有一次，在低空超低空反反舰导弹武器系统飞行试验中，连续3发导弹都打靶失利，直接经济损失几百万元。出海做了几次试验，也没有找到原因。大家情绪低落，茫然无绪，一时不知往下如何进行。于本水在技术方面思路宽，总能找到问题的关键处。他找到徐兆林，建议从电气总体技术方面着手，考虑导弹与发射架在连接方面是否存在问题。这是一个指导性的技术思路。后来，徐兆林果然在发射架与弹上设备的连接方面发现了故障。问题迎刃而解，后续的试验顺利成功。

在低空超低空反反舰导弹另外一次地面试验中，出现了舵振问题。于本水放弃休息，亲自在现场指挥协调，夜以继日地和大家一起讨论、分析。根据分析结果，他提出了自己的观点，建议降低遥测功率。试验队按照他的思路一试，果然有效，舵振问题得到了解决。

2. 善于化解工作中的纷争

导弹是一个十分复杂的武器系统，通常由制导控制系统、弹体结构系统、推进系统、稳定控制系统、电气系统和引战系统等分系统组成。为保证研制工作顺利进行，必须把导弹十余个弹上设备承制厂家统合在一起，这就需要一个善于协调关系的调度。从 1980 年起担任二院型号调度的王少秀，配合于本水工作了 20 多年，把北京、上海、西安、四川、贵州等有关单位调动起来，奏出了一部导弹研制的“交响乐”，为低空超低空防空导弹的研制成功，做出了重要贡献。

从工作关系上讲，王少秀从事计划调度工作，属于行政指挥系统，而于本水却是行政关系在二部的技术总师。虽然各自属于不同单位，但两人在工作中配合默契、关系密切、相处融洽。王少秀把于本水看作是“我们队伍里德高望重的老帅，也是大家公认的高智商和大智慧的领军人物”。

究其原因，王少秀认为，一是由于于本水学识渊博且足智多谋，特别善于化解工作中的各种问题与矛盾，这种高超的决策能力和协调艺术，让大家非常钦佩。二是于本水平易近人和具有良好修养的处事之道令人折服，共事 20 多年，急脾气的王少秀从未和于本水红过脸，也从未见过于本水跟别人发火，更不用说和别人吵嘴了。碰到有争执时，于本水最多是暂时不说话，低头控制一下情绪，再心平气和地继续交谈。无论是对总体部还是外协单位，也无论是对技术人员还是管理人员，他从不摆总师架子，以势压人，而是谦虚、耐心地听取对方意见，所以最终总能协调出解决问题的办法。三是于本水深入基层的工作作风和良好的群众关系所造就的崇高威望。每当工作出现问题需要他出面时，于本水总是在各科室或在试验现场了解问题细节，工作之余还和一线人员推心置腹地谈心，力所能及地解决他们的实际困难。人缘好，是他的一笔财富，大家都愿意跟他相处，工作也进展得顺风顺水。

在导弹队伍里，有几位能力很强但爱较真的人，周围一些人对他们有点犯怵。但是，于本水润物细无声的作风，总是让他们心悦诚服。于本水在二院没有挂职，而王少秀在院机关工作，但她由衷地把于本水和钟山总师等同看待，认真贯彻执行他的每一个意图和决策，从不打折扣。正因如此，二院和二部两个系统建立了良好的合作关系，使型号研制工作一直处于良性循环和高速运转状态，特别是使导弹系统的进度和质量长期处于全武器系统的领先地位，这与于本水的工作作风密不可分。

于本水的“幽默风趣，妙语连珠”，给王少秀留下了深刻印象。每当大型试验工作之余，大伙儿总爱和于本水散步聊天，他也会给大家讲一些精彩的故事，甚至一些晦涩的歇后语、农谚和笑话，他都能绘声绘色地娓娓道来，令大家捧腹大笑，暂时忘却长期离家带来的孤独和寂寞。

最有趣的一件事是在一次试验后的技术分析会上。那次试验进展不顺利，雷达和导弹之间孰是孰非的问题十分敏感。院领导要求导弹与雷达站的负责人，先各自找问题，因此大家说起话来都很谨慎。负责雷达的23所所长黄槐开始一直在谈自己的问题，但说着说着，却突然要求导弹采取某项措施。大家听后，觉得没有必要。在场的院领导，也劝说黄槐放弃这个观点。黄槐脾气比较倔，坚持自己的看法，场面一下僵持起来。

一看这架势，于本水站起身来，往黄槐的茶杯里添了点开水，再拍了拍他的肩膀，笑着说：“黄老兄，你看事情很明显了，咱们何必还硬是在自己的裤腰带外边，再去系根麻绳呢？”话音刚落，全场顿时哄堂大笑，气氛一下子变得活跃起来。黄槐低头想了想，忽然茅塞顿开，也憨憨地笑了：“哎呀，作罢，作罢，我收回刚才说的话。”

于本水就是这样，总善于以风趣、幽默的言语，化解工作中的纷争。

在低空超低空防空导弹弹上设备研制厂家定点问题上，按院两总决定，定点原则有三个方面：一是技术指标的先进性，二是经费要求的合理性，三是进度安排的可行性，可以据此要求进行全国性调研。同时，航天部的领导对定点工作也提出了一些要求，这些要求和院两总的定点原则有时有矛盾。

于本水吩咐王少秀召集二院有关同志开会研究。当他听取了二部总体汇报后，当即否定了定点湖北的指令。因为湖北研制的是有烟复合药推进剂，而这种导弹实际需要的是具有麦撤效应的无烟推进剂。会议最后把推进剂的定点安排到陕西。至于火工品的定点指令，二部陈学兰和苑林桢等同志也表示反对。他们认为，雷管的燃爆延期指标是微秒级的，导爆索还要穿过战斗部，要求很高，对四川不是很放心，坚持定点到他们信得过的另一个单位。

二部机关认为，否定湖北的推进剂是有道理的，部里领导不会对此有什么疑义，但对四川工厂不放心，其道理还不够硬，担心部领导会有意见。更何况四川工厂的总师和厂领导已经闻讯赶到二院来做汇报，同为航天战线的战友，人家这个态度也不好一口回绝吧！

王少秀将这些情况报告给于本水后，于本水要求马上安排二院技术团队与四川工厂展开面对面的协调。会上，四川工厂的总师做了技术保证，但苑林桢是位责任心很强的技术专家，只认事实不听承诺，在会上与四川工厂的总师吵了起来，一时间，技术协调陷入了僵局。

面对这种局面，王少秀心里很着急。于本水向她摆摆手，轻声安慰道：“不要急，冷处理。”他再次听取了四川工厂总师的汇报，翻阅了厂里带来的资料，得知四川工厂的导爆索已被应用于东风系列导弹型号上，性能良好，只是对于微秒级雷管的技术性能，尚缺乏有说服力的第一手资料。

于本水决定组织二部总体和二院有关人员，并亲自带队，赶赴四川实地调研。经过几天的资料审查和现场参观，工厂又专门为他们做了微秒级雷管点爆试验，按照火工品的技术要求，其性能和可靠性均满足总体要求。大家还意外地发现该厂的机加能力很强，整个安全执行装置都可以定点在他们厂生产。

事实胜于雄辩。苑林桢脸上露出了满意的笑容。就这样，火工品定点的事情尘埃落定。后来的事实证明，这个决策非常正确。

3. 善于协调多方面关系

导弹武器系统研制是一项复杂的系统工程，涉及到许多技术领域和部门，从设计方案的提出到成批生产和投入使用，要经过一个很长的过程。其中，试样阶段需要通过飞行试验检查样机设计的正确性和性能。这样一来，就少不了和试验基地打交道。

1984 年，飞行试验队进驻试验基地，进行独立回路遥测弹飞行试验。由于之前两个单位在沟通上存在一些问题，致使试验队在进场卸车后，参试人员一律在场外“等候”，不让入住招待所；二院的遥测车也不能进入发射阵地，试验队在茫茫戈壁进退两难。

试验队领导心急如焚，亲自出面与基地人员沟通协调，才打破僵局，使试验队得以顺利入驻基地。但这个“小插曲”却使试验队和基地单位之间结下了一个小疙瘩。

面对这种情况，一些同志提出要与基地进行正面交涉，但于本水想得比较长远，他认为那样有点过激，可以采取“迂回”措施。他说：“咱们既然来到人家的地盘，这一亩三分地就是人家的。退一步海阔天空嘛。今后的试验能否顺利进行，跟基地的配合有很大的关系。咱们应该看得长远点，主动解开这个疙瘩，调和好与基地单位的关系。”

见大家频频点头，于本水接着说：“我听说部队官兵大都性格直爽，喜欢直脾气的人，很容易打交道。眼看‘八一’建军节快到了，咱们不如借这个机会，设宴为他们庆祝节日，联络联络感情，和他们交朋友，兴许就能‘化干戈为玉帛’，皆大欢喜。”试验队领导听于本水这么一说，觉得可以按照他的思路去做，于是安排下属依计行事。

这天，试验队摆下酒席，邀请基地领导和全体官兵赴宴。主桌的张东盛司令员和钟山总师致词后，宴会开始，大家把酒言欢，场面甚是热烈。为了助兴，有人提议采用足球比赛互踢点球的方法，双方比一比酒量。出乎意料的是，试验队大获全胜，全场掌声雷动。

张东盛司令员一边鼓掌一边说：“我宣布，在庆‘八一’的宴会上，试验队‘横扫’基地。我们愿赌服输。”

此情此景，大大激发了策划人于本水的诗兴，他即兴创作一首楹联：“迎佳节初露锋芒，醉倒杨科长；庆‘八一’独占鳌头，横扫某基地。横批‘酒量似海’”。

话音刚落地，张东盛司令员对他的出口成章拍案叫绝：“今天的酒喝得这么开心，于总的对联又做得这么精彩，实属盛况空前，我提议这件事情应该写到我们导弹的大事记里去。另外，基地将另择时间，专门宴请对联的作者以及对联中的有关同志，大家一醉方休！”

就这样，二院与基地之间的小芥蒂“杯酒”而释，双方和好如初。随后，被称为“沙漠之舟”的本次飞行试验队，在基地同志的全力配合下，飞行试验进行得顺风顺水，一举取得了圆满成功。于本水即兴创作对联，也成了二院和基地众所周知的一段佳话。

然而试验队自身所遇到的技术困难，解决起来却没有这么简单。在一次飞行试验中，全武器系统首次天地大闭合，参试设备众多，接口复杂，诸多不可控因素蜂拥而至。弹打得不好，大家心里原本就很难受，又被航天部亮了黄牌，差点勒令队伍打道回府，这个压力非同小可。每次失败，导弹分队坐在返回驻地的车上，20 多分钟，大家一言不发，心情沉重得几乎要哭出声来。

每打完一发弹，于本水都要在第一时间率领总体人员赶到遥测车上，查看飞行遥测数据。有一次弹没打好，尽管数据证明弹上设备没有太大问题，制导站也不承认自己有问题。问题到底出在哪里呢？大家各执一词，众说纷纭。曾几何时，导弹研制队伍和制导站研制队伍之间处于一种相互怀疑、埋怨和对立的状态，就连司机师傅都相互争吵。在一次基地技术分析会上，负责发动机推进剂的技术人员说：“我们导弹可是一枝花，只可惜插在了制导站这堆牛粪上。”气得 23 所的设计师当场拍案而起。

眼看火药味越来越浓，非常不利于问题的解决，于本水以他一贯的冷静，深思熟虑后，提出对导弹分队参试人员进行思想上和技术上的“双整顿”。他指出，我们不能当“远视眼”，盯住远处的别人不放，而要当“近视眼”，紧紧盯在自己的鼻尖上，要“仔细仔细再仔细，严密严密再严密”，“要在显微镜下找自己的问题，硬是要鸡蛋里挑骨头”。他同时宣布，找到自己问题的同志，分队有奖励。

在试验队里，导弹分队一向被认为是精英中的精英，现在放下身段找问题，实在是既痛苦又残酷。于本水态度十分坚决，又勇于替别人分担责任，才使这场“战役”坚持下去。制导站分队看到导弹分队这种态度，也深为感动。全队上下一齐埋头找出不少问题，并采取了相应的改进措施。二部的于俊福首先在遥测数据里找出了问题，于本水果然兑现承诺，事后为他请了功。

经过一年多的努力，终于迎来飞行试验圆满成功的春天。导弹飞试三发三中，开创了二院靶试的新纪录，令导弹分队引以为荣。基地司令员张东盛在靶试成功后，拉着于本水的手感慨不已：“真是疾风知劲草，多亏了你这位主心骨啊！”

4. 坚持做科研生产中的思想政治工作

1989 年“政治风波”后，人心涣散，思想政治工作比较薄弱。20 世纪 90 年代初，航空航天部政治部要求，从部里到各厂所都要组织思想政治工作研讨会，会议职能是思想政治工作怎么做，以及如何做好科研生产中的思想政治工作，制定策略、措施和方法。

经过研究，二部对研讨会形成了自己的想法，要求各行业的骨干都来做思想工作。二部党委书记杨双增给这个思想政治工作研讨会命名为“三位一体”研讨会。

“三位”即指：第一，政工线，成员由党支部书记、工会主席和分工会主席组成，由党委书记杨双增负责；第二，管理线，由二部主任牵头，成员由二部副主任、各研究室主任、副主任和助理员组成，由二部主任陈定昌负责；第三，技术线，由科技委牵头，由科技委主任、副主任和各主任设计师组成，由科技委副主任于本水负责。

“一体”即指二部的思想政治工作体系，目的是围绕二部的科研生产，做好思想政治工作，保证科研生产的顺利完成。

三条线既有侧重，又有分工。整个思想政治工作由政工线抓总，做党的方针政策宣传教育工作和民主管理工作，包括职代会管理和思想政治工作；管理线是要对行政干部做思想政治工作，负责解决出现的具体问题，同时这个管理还包括落实二部的管理要求，实施对科技的管理；技术线是对方案设计工作、试验工作、科研生产过程中的技术人员的思想政治工作负责。

杨双增在二部党委书记岗位上工作了多年。在和于本水共事的20年里，他感到于本水不但工作能力、处理问题能力和组织管理能力很强，在群众中，特别是技术人员心中威信很高，而且在做思想政治工作方面很有一套，是既懂政治又懂业务的全面型人才。从于本水的人品和专业水平上，杨双增用三句话来概括：老老实实做人，踏踏实实做事，党性观念很强。

事实证明，“三位一体”研讨会在加强思想政治工作方面发挥了重要作用。研讨会对各类人员的思想进行了细致的了解，这样一来，工作就有了针对性。每年年终，研讨会总要举行例会，总结过去一年思想政治工作的经验，布置来年的工作任务，策划工作内容。例会参加人员都是支部书记以上人员。每条线都有代表发言，三条线的领导都要撰写心得体会。

作为研讨会副会长，于本水每年都要在例会上介绍情况，并提交报告，对技术人员在方案论证、设计、试验和生产等各阶段的想法进行分析和总结，并提出具体要求。

“三位一体”研讨会的工作开展得如火如荼，极大地调动了职工的工作热情，二部的精神面貌呈现出前所未有的活跃状态。曾任二部主任的陈定昌院士对此印象深刻。他认为，二部的精神和思想状态，无论上进心还是凝聚力都很强，可谓一呼百应，各项工作都排在二院前列。

1998 年，“三位一体”研讨会被评为中国航天工业总公司优秀思想政治工作研究会。于本水曾特地找到杨双增，认为科室的指导员和支部书记不能取消，因为大量繁琐的思想政治工作都要由支部书记来完成。可以说，他的意见起到了一定的作用。

作为一名 19 岁就入党的老党员，于本水的党性观念很强。在体制改革过程中，要求党政分开，很多人理解为党政分家。于本水又找到杨双增，开诚布公地讨论这件事。他认为，党委职能千万不能放松，党委不管了，二部的管理就会出现问题。杨双增说，你放心，只要我在，二部党委就不会放松。二部主任陈定昌的思想也很明确，党政坚决不分家，要团结起来一块干。

由于二部重视思想政治工作，人气很旺，从管理人员到技术人员，从领导到群众，心都特别齐，工作开展得有声有色。于本水与杨双增也成为无话不谈的朋友，喜欢相互坦诚地交流思想，在用人问题、人才职业规划等方面，经常探讨，交换意见。直至现在，有时上班路上遇到退休后的杨双增，于本水还总是热情地打招呼："老杨，抽空上研发楼来聊聊啊！"

5. 重视培养人才

于本水非常重视航天人才的培养工作。"十年树木，百年树人"。曾任二部主任的孙连举认为，于本水培养出了一批专业人才，这是他对二部做出的一项重大贡献。他带出的许多硕士、博士，在后续的工作任务上都发挥了非常重要的作用，他带出了许多总师和学术带头人。曾任二部副书记、二院人力资源部部长兼研究生院副院长的朱忠元说，鉴于于总的水平和对人才培养工作的热情，领导在策划申办飞行器博士点、博士后流动站时，征求意见的第一个人就是于本水，均得到了于本水的大力支持。和于本水进行过项目合作的许多人，也都在各自的专业领域当上了总师。

对于年轻的设计师，于本水认为，要多在实践中学习、培养和锻炼。他总是把发现人才、使用人才、培养人才放在重要位置，积极支持并参与高层次人才培养，是举荐贤能、提携后辈的楷模。1982 年，他开始招收硕士研究生，研究课题为防空导弹总体参数优化问题。1989 年，他被评为航天二院优秀研究生教师。1994 年，他开始招收博士生。这一年，他获得培养人才突出成绩"伯乐奖"。在二部 1998 年申报（办）飞行器设计博士点和 2002 年申报（办）飞行器设计博士后流动站时，他均是导师队伍的领衔者。2004 年，他开始招收博士后。

多年来，于本水培养了 10 名硕士、7 名博士、3 名博士后。他们中的大部分人都留在了二院工作，早期的学生如小金、小薛等，均已成为防空导弹战线的栋梁人才，走上了重要的工作岗位；年轻的小李、小张等，都在科研生产第

1998年，于本水给青年专家讲课

于本水（左五）及夫人朱小泉（左六）和他的学生们合影

一线承担重要任务。他还帮助作战使用部门培养人才，如第二炮兵装备研究院肖总师、石家庄军械工程学院孟晨教授等都是他的学生。

中国有句老话：一日为师，终身为父。于本水的学生小薛对这句话感受颇深。从走出大学校门，开始研究生学习，再到参加工作，走进航天领域，从事多个导弹型号的研制任务，小薛每一步的成长和进步，都凝结着老师的培养、关心和关注。

1983年，在大学4年级上学期准备考研究生期间，小薛第一次听说“于本水”的名字。他在北京航空学院学的是飞行器设计系有翼导弹设计专业，希望将来从事导弹事业。

经多方了解和大学老师们的介绍，小薛得知在北京永定路地区，有一个非常重要也非常神秘的从事防空导弹设计研发的单位，即航天二院，而招收飞行器设计专业的导师，是于本水，也是二院飞行器设计专业硕士研究生点以及后来的博士研究生点的发起人和带头人。

为了进一步了解航天二院的情况和二院对考研究生的要求，小薛找到于老师的电话，想当面谈谈。电话里，两人约定在二院东院南大门见面。那是小薛第一次到二院。天气非常寒冷，还刮着北风。看到门口站岗的荷枪实弹的武警战士，想到很快就要见到的导弹专家，小薛心中多了几分神圣和不安。

到了约定时间，只见一位中年学者，面带微笑，身着厚呢子大衣，手推一辆旧自行车，从院里走到大门，他就是于本水。这是小薛第一次见到于本水。于本水很热情，慈眉善目，一下子就化解了小薛的紧张情绪。他认真听了小薛的个人介绍和学习情况，并耐心询问了一些问题，介绍了一些招收研究生的情况和二院的大致情况，最后鼓励小薛好好复习，认真准备，欢迎他考到二院来。

这一天，决定了小薛的一生。交谈过程中，于老师和蔼可亲，平易近人，朴实无华，给小薛留下了深刻的印象。这样一位知名的导弹专家，能这么认真接待自己这么一个冒昧求见的尚未毕业的大学生，让小薛非常感动，崇敬之情油然而生，仰慕之情从此开始。他暗下决心，一定要尽最大努力，考取于本水老师的研究生。

经过努力，小薛考上了于本水的研究生，开始了在二院为期3年的研究生学习生活。于本水对学生的培养认真负责，要求很高，无论是基础课的选修，还是论文的选题，都斟酌指导，严格把关。为使小薛写好论文，顺利通过硕士论文答辩，于本水创造机会，让他多次参加正式的硕士论文答辩会。

为了培养小薛的科学研究能力和扩大专业知识面，于本水让他参加了二院与哈尔滨工业大学的合作研究课题，即“BTT技术在防空导弹中的发展与应用”相关内容的研究，使他对科学研究方法和过程有了初步的了解，对硕士论文写作和答辩有了深刻的理解。

研究生毕业后，小薛留在二院二部工作，参加了于本水任导弹系统副总师或武器系统总师的多个型号研制工作，亲眼目睹了于本水作为总师，带领型号

于本水（前排左四）参加哈尔滨工业大学“飞行器设计、制导与控制”高级研讨班

研制团队，不畏困难，攻坚克难，团结一心，勇于攻关，通过无数次的设计、仿真、试验和飞行，解决了大量的技术难题，完成了多个型号的研制工作。其中，于本水的一些工作方式方法和遇到困难时的解决思路，使小薛他们这些年轻一代受益匪浅。

在某型号的改进设计中，经过仿真计算发现，导弹飞行时，会出现短时间的静不稳定，而当时导弹采用的是模拟式自动驾驶仪，对静不稳定导弹控制还没有先例。如要调整导弹的静不稳定度，不但会降低导弹的总体性能，而且会带来大量的设计和试验工作量。对这个难题，于本水组织专业设计师进行技术攻关，通过研究和计算，他发现，静不稳定出现的时间非常短，小于导弹弹体的响应时间，只需对个别参数做些调整，当静不稳定出现时，导弹的动态特性就不会受影响。按照这个思路，经过大量仿真计算和半实物仿真试验，确定了最佳设计状态，以最小的代价，保证了导弹的优化性能。类似这样的技术攻关和高水平解决问题的事例，在于本水所负责的型号研制过程中，还有很多很多。经过于本水的精心培养，历经多个导弹型号研制工作的实践和历练，小薛现已成为两个型号的总设计师。

在一次访谈中，小薛的一段话道出了于本水学生们的共同心声。他说："于老师不但教授了我知识，也教育了我如何做人做事，使我在从事航天事业的工作和生活中，不断努力，少走弯路，不走错路，从一个懵懵懂懂的学生，成长为能为国家航天事业贡献一份力量的航天人。"

6. 言传身教，影响学生

随着年纪越来越大，于本水不再担任一线设计工作，让年轻一代逐渐担当大任，但他的工作状态和关注点，从来没有离开过导弹型号工作，无论哪个型号遇到难题或困难，他都积极参加，帮助解决。

于本水培养人才的方法是言传身教。和于本水共事的人都能从他那里学习到很多宝贵的工作经验，这些经验是一代又一代航天人在不断摸索中积累起来的，可以避免后人犯重复性错误。

对于前人研究的资料，于本水总是毫不吝啬地传授给他的学生和年轻同事。这些资料可以帮助年轻人快速掌握技术研究的过程和方法，并对关键数据的把控和关键模型的建立有所了解，便于快速有效地开展工作。

在小薛所从事的多个型号研制过程中，十几年来，他就曾无数次求教于于本水，其中最难忘的有两个型号。

一个是当年为我国陆军研制的新一代防空导弹，导弹采用多种创新技术，技术难度大，时间要求紧，从总体方案确定，到关键技术攻关，于本水都给予了无私而热情的帮助，甚至和大家一起加班加点开会讨论问题，提出了很多研制思路和工作建设，在关键环节和工作内容上进行把关，为型号的成功和定型做出了巨大贡献。

另一个是舰载防空导弹型号，采用有惯导的单通道旋转导弹和微波加红外复合导引头，无论在导弹总体方面，还是在制导控制方面，都遇到了难题，飞行试验也出现了新的需要研究的难点。而带惯导的单通道旋转导弹在二院又是第一次研制。这些问题，对于本水来说也是新问题。

了解到研制人员所面临的处境后，于本水主动从单通道旋转导弹的基本原理和基本控制过程开始研究，并不断和大家讨论。他的这种不畏科学险阻的探索精神和严谨的治学态度，深深打动了年轻一代，也影响带动了整个研制队伍。在于本水和其他专家的帮助下，经过几年的不懈努力，研制团队逐渐走出了困境，解决了一个又一个难题。该型号目前已成功完成了鉴定飞行试验。

小张是于本水的博士研究生，现任二院研究生院导弹基础专业课飞行力学教师、研究员、型号副总师。于本水认为，基础知识对于研究生科研工作来说非常重要，尤其是对数学、物理方面的理解和应用。在小张攻读博士期间，于本水专门邀请北京大学数学力学系毕业的谭勃，对小张进行了3年的空气动力学和矢量分析、数学物理方程的授课，使他系统学习了刚体动力学、统计物理学、张量分析、复变函数、数学物理方程等课程，打下了很好的理论基础和专业基础，同时，于本水亲自指定教科书，进行飞行器总体设计和飞行力学的授课工作。

在论文选题阶段，于本水根据自己多年的科研经验，认为在确定选题时，既要充分了解和掌握国家的需求，又要具备跟踪当前科技发展前沿的能力。经过充分论证和调研，他选择了固体动力和复杂飞行轨迹的若干关键问题研究，系统地支撑远程飞行器的总体设计工作。进入论文研究阶段，于本水每周都组织课题讨论会，请老、中、青科技人员一起讨论论文的研究内容和课题进展。他常说，导师应该或大概知道哪个方向有金子，学生应该努力工作，用具体的方式方法去找到并且挖掘出金子。

有一次，于本水看到《科学中国人》上有一篇师昌绪院士写的《试谈做人做事做学问》的文章，觉得非常好，就拿来给小张看，希望他以后在对待人、事、学问方面多学习、多思考。他还重点解释了“做人要海纳百川、诚心为本、忍让为先，做事要认真负责、持之以恒、淡泊名利，做学问要实事求是、勇于探索、贵在发现与创新”，对待人际关系要“诚信、平等待人、正确认识自己、不要妒忌”等内容的深刻内涵。

于本水的这些言传身教，深深地影响着学生们。他对学生的成长投入了大量的心血和精力，带出的学生不仅基础理论扎实，而且能理论联系实际。

经过精心培养，小张的博士论文被评为优秀论文。参加工作后，于本水经常结合具体工作中出现的问题，和小张一起讨论。有一次，他把小张叫到办公室，提了一个有关导弹动力系数的定义、物理意义和取值范围的问题。小张给出这个系数的取值，于本水又问了关于这个数值大小代表的物理意义。为了说明问题，于本水提供了另一个型号的这个系数的取值，使小张充分了解这个系数可以隐含很多的内涵，通过数据对比，得知是不同导弹的气动布局产生了这个现象。于本水对这些表征导弹性能的物理参数记得非常清楚，

于本水院士（左六）在博士研究生论文答辩会上与评委及学生们合影

可以说是信手拈来。

当学生问到具体问题时，于本水总能提出国外的类似现象、国内的基础和方向。有一次，于本水拿出自己当年参加工作时的工作笔记。小张看到，笔记非常工整，有计算图表，有用坐标纸绘制的各种曲线，还有计算公式。这让他对导师的严谨治学态度又多了一分敬佩。像这样的笔记本，于本水保留了有近 10 本。当年他领导研制的型号涉及许多技术，至今还在广泛应用并且发挥作用。于本水认为，对待问题一定要分清主次，用不同的方式方法解决具体问题。

于本水善于学习、借鉴、吸收国外的先进技术，经常阅读国外资料。当他了解到俄罗斯在空天防御方面有很多可以借鉴的信息时，便召集学生翻译了近 10 篇俄罗斯关于空天防御技术和管理方面的文章，形成了《俄罗斯军界和科技界领导人论空天防御》一书，图文并茂。经过认真思考，于本水给出了我国后续飞行器的发展方向，给出了新一代飞行器的顶层设计方法和技术发展方向，并且希望学生们努力工作，逐步实现。

于本水经常说，在对待问题上有两种人，一种是拿着篮子去的，一种是拿着球拍去的。拿篮子的人，对所有问题都接收，回来再进行有针对性的采纳和扬弃；拿球拍的人，对所有问题都拒绝，推出去。他要求学生要学习第一种人，对待任何问题都要深思熟虑，不能轻易肯定和否定。他认为，工程研制是一项系统工程，团队精神非常重要。

每当有技术难题和思想波动时，小张都会第一时间想到于本水老师。参加工作后，他逐渐养成了经常到于本水办公室汇报和请教的习惯，而于本水也总会放下自己手头的工作，细心、耐心地解答他的各种问题。碰到有与小张的工作方向相关的会议，于本水也经常带着他参加。通过这些活动，丰富了小张的视野，他也因此有机会经常整理于本水的各种稿件和书籍，从中得到不少启发。

于本水还有一些学生毕业之后走出了二院。彭旭是于本水的硕士研究生，从二部毕业后，从事航天产品计算机辅助设计工作，开办计算机产品设计公司，兵器部、航空部都投资了项目，和湖南株洲 608 所联合开展发动机多学科优化设计。目前彭旭仍从事和航天相关的行业，并取得了成绩，从于本水那里学到了专业知识，同时在当前社会下更执着努力、踏实工作，实现自我人生价值。

于本水还有不少“准”学生。小石（后任某型号总设计师）考上了于本水的博士生，因研制工作太忙，没有读下去，但他经常与于本水讨论技术问题。小王是于本水从结构室推荐担任导弹系统主任设计师的。他刻苦钻研，通过一个型号研制，掌握了导弹总体技术的“奥妙”，当了型号总设计师。

2010 年，于本水被总政治部聘为军队高层次科学创新人才工程培养对象带

2013年，于本水院士（右一）和他的学生、某装备研究院肖总师在“辽宁舰”航母甲板上

教导师。他带教的两个军队学生，一名是某装备研究院的总师，另一名是某工程学院的教授，如今他们都在各自单位挑起了大梁。

于本水经常到各大高校讲课。哈尔滨工业大学开设的导弹课程，一开始就由于本水带队讲授，杨存富、郭春山、小薛也都去讲过。后来，哈尔滨工业大学在这个基础上编了一套讲义，获得业内好评。于本水还到北京航空航天大学、北京理工大学、空军工程大学、海军工程学院讲课或做报告。

在学生们的眼里，于本水既是严师，又是“慈父”。他经常让学生到他家里汇报论文进展情况。到了吃饭时间，于本水和夫人朱小泉就叫来丰盛的外卖，大家一起吃，像一家人一样。有时候，朱小泉还会教他们弹琴、唱歌，师生之间其乐融融，充满了温馨的家庭氛围。

1990年，哈尔滨工业大学秦副校长（左）授予于本水（右）兼职教授证书

于本水院士（前排右四）参加国家科学技术奖评审（前排左一为黄瑞松院士、左三为林祥谦院士、左六为国防科工委孙来燕副主任、右二为凌永顺院士、右三为王子才院士、右五为杜祥宛院士）

于本水

于本水院士传记

Academician Yu Benshui's Biography

第十二章

八旬院士
追逐空天防御梦

2001年，于本水当选为中国工程院院士。于本水把型号总设计师职务交给了年轻一代，转向空天防御事业新的战场。

2001年，于本水当选为中国工程院院士。中国工程院院士是国家设立的工程科学技术方面的最高学术称号，为终身荣誉。院士的评审和选举过程，由各学部组织院士进行。面对一系列严格的评选程序，于本水充满信心，他以深厚的理论功底、丰富的工程经验、高超的管理水平、骄人的工作业绩，顺利当选中国工程院院士。对此，他有着充分的信心。于本水属于第一代航天人，从1960年进入航天领域到被评选为院士，已经具备了40年的防空导弹研制经验，为中国航天事业做出了重要贡献。这40年里，他获得过全国科学大会奖、国家科学技术进步奖、国防科学技术奖、航天部科技进步奖等很多奖项，他被评上院士可谓实至名归。

卸下总设计师担子的于本水，担任了中国航天科工集团公司科技委顾问和二院科技委顾问、二部科技委高级顾问。他还担任国务院中央军委军工产品定型委员会专家咨询委员会委员、国家科学技术进步奖和国防科学技术奖评委等职。

为了中国的空天防御事业，于本水以饱满的热情走遍了全国，南到黔桂边陲，北到辽黑内蒙，东到大海之滨，西到茫茫戈壁，都留下了他的足迹。有人问："于院士，您现在忙什么？"他总是笑着回答："远望、解难、把关、育人。"

“远望”，就是研究远景性问题；“解难”，就是帮助年轻一代分析解决在研制和试验过程中出现的紧急难题；“把关”，就是对科研工作中重大阶段、重大技术关键进行把关；“育人”，就是培养青年一代专家，带博士生、博士后研究新的问题。

1. 进行空天防御技术发展课题研究

对空天防御技术发展课题进行梳理后，于本水首先对空袭兵器的现状和发展、国外空天防御技术发展、我国导弹技术现状和我国航天技术基础，进行了深入的研究。

空袭兵器包括固定翼飞机、武装直升机、巡航导弹、空地导弹、制导炸弹、战术弹道导弹等。于本水带领技术人员对国外空天防御技术发展和我国导弹技术现状进行评估，通过对比和评估，可以看出我国所处水平、和国外有多大差距、还缺什么武器装备等。通过对我国航天技术基础（包括元器件、原材料、电子技术、惯性技术等）的评估，可以清楚地梳理出我国导弹技术落后的领域。

这几方面的技术工作，花费了于本水很多的时间和精力。他阅读了大量的情报资料。信息情报所也帮助他收集了很多这方面的资料，通过去伪存真，再行研究。二部还专门组织了由青年科技人员组成的班子，来做这项工作。从2000年开始到2002年，历时两年时间，终于完成了这个课题。

在该课题研究中，曾提到一种经济型反巡航导弹。如果未来真正发生战争，巡航导弹威胁很大，而且由于其数量庞大，价格便宜，将形成很大的威胁，其典型例子就是美国的“战斧巡航导弹”。如果用价格昂贵的导弹去拦截它，耗资巨大，经济上将难以承受，正所谓“能打得着，但打不起”，所以研究经济型的反巡航导弹就被提上日程。于本水高瞻远瞩，带领技术人员，潜心研究经济型反巡航导弹。

于本水院士（右二），中国工程院院长周济院士（右五）、副院长干勇院士（右四），中国航天科工集团公司三院黄瑞松院士（右七）等参加贵州省科学大会

潜艇防空问题，也是于本水研究的一个新课题。

2001 年，他在中国航天科工集团公司科学技术委员会年会上做了有关课题研究结果的报告。2002 年，他又在中国工程院机械和运载工程学部做了《空天防御武器技术发展》报告。依托这个课题，于本水还主持了几个以年轻人为主的中国航天科工集团公司创新课题研究。

2008 年，空军高层论坛邀请于本水做了题为《我国空天防御武器领域面临的重要关键技术问题》的报告。报告针对远景规划中导弹总体技术问题进行了高度总结，空军副司令员景文春对报告给予了高度评价。这个报告在部队反响很好，后来，于本水又应邀在空军工程大学做了一次报告。

2. 远程防空导弹推进与弹道问题研究

从 1999 年到 2002 年，于本水主要带着博士生小张进行远程防空导弹的推进系统与弹道问题研究。

20 世纪 50 年代至 70 年代，冲压发动机在国外已成功地应用于某些中远程防空导弹上，如黄铜骑士、海标枪等。国内也进行了数十年的研究工作，但由于冲压发动机进气道在大攻角下工作问题很多，导致导弹攻角受限。因此，采用冲压发动机为动力装置的导弹，虽具有全程主动攻击的优点，但也有显著缺点，即攻角受限。于本水带领博士生研究是否能用固体火箭发动机做远程防空导弹的动力系统，但固体火箭发动机的应用必须与弹道结合。经过研究，他们认为对远程防空导弹，如果提高导弹的最大飞行高度，可以使用固体火箭发动机，这样导弹总质量具有优势，同时机动能力大幅提升。

3. 质量矩控制导弹研究

所谓质量矩控制，是指导弹没有气动控制面，也不用燃气控制，主要靠移动质心来实现控制。美国人对此进行了大量的研究工作。防空导弹能不能用质量矩控制，这是当时很多人的疑问。

2002 年，于本水带领博士生小廖进行“质量矩控制导弹动力学问题研究”。小廖当过大学教师，教授过理论力学，有较深厚的力学基础。于本水为他选的这个课题的基础是力学，与他的专长比较相符。他后来在做课题时，显示出深厚的力学功底。这也从一个侧面反映出，作为导师，于本水在学生课题的选择上把握得比较准确，能根据每个学生的特长来选择课题，很好地挖掘出了学生的潜能。

于本水要求小廖把质量矩公式全部推导一遍，通过推导，还找出了公式中的几处错误。后来的研究结果表明，质量矩控制在防空导弹上应用有一定困难，用于弹头控制比较合适。质量矩控制从成熟性来说不如气动控制，从快速性来说不如燃气控制。另外，质量矩控制技术关键是伺服系统，对于自旋导弹，质量矩控制困难更大，质量块的相对运动和导弹旋转引起的哥氏加速度非常大，需要想办法克服。

4. 防空导弹颤振问题研究

于本水带领博士生小刘对防空导弹颤振问题进行了研究。小刘一方面跟于本水做颤振课题，一方面在某重点型号中担任相关工作。以前的防空导弹基本没有发生过颤振问题，在二院某重点型号出现颤振故障后，才开始进行此项研究。通过对某重点型号导弹颤振的研究，也对二院原来一些老型号曾经出现的试验故障有了一个重新认识。

二院曾有一个导弹型号在进行飞行试验时，导弹发射后发生尾翼破碎。这件事发生在“文革”期间，科研环境比较混乱，没有人对此认真地加以研究，最终不了了之。此次根据故障现象，判断应该是导弹遇到了颤振问题。另外，空空导弹、飞航导弹都出现过颤振故障。这个课题研究得出一个结论，即在导弹方案设计时，就应该考虑颤振问题，如果到飞行试验阶段发生问题后再加以研究，将会非常被动，严重影响研制周期。

5. 大气层内导弹的机动与控制问题

2007 年—2011 年，于本水带领博士生盛永智开始研究大气层内导弹的机动与控制问题。盛永智思路宽，能举一反二，很受于本水赏识。

战术弹道导弹为了突破防御系统，进入大气层后轻重诱饵可先后失效，往往采取机动策略。如何对付这个“机动”？于本水认为，应重点研究两个问题：一是为了对付它的过载，我们的导弹要付出多大过载？二是响应时间要求。于本水研究了国外的爱国者Ⅲ导弹，爱国者Ⅲ导弹使用的是姿控，导弹研制的最初目的是为了对付飞毛腿导弹。飞毛腿导弹头体不分离，体积较大，看起来比较容易拦截，但实际拦截难度却很大。因为进入大气层后，它会产生攻角，导弹做螺旋运动，产生很大过载，给拦截带来困难。美国出版的《头体不分离导弹的动力学问题》一书，论述的就是这个问题。于本水认为，我国也应该深入研究此问题。经过和博士生一同研究，他提出了两个解决途径：一是对过载的要求，为了拦截机动导弹，拦截弹必须具有一定的可用过载；二是导弹的响应速度必须快，如果响应太慢，导弹过载能力再强也不行。经过大量仿真，证明了在某些条件下，如果响应速度过慢，即使过载满足要求，也拦截不到对方的导弹。

在培养学生方面，于本水认为，师傅领进门，修行在个人。盛永智勤奋肯干，在于本水的指导下，对多学科领域进行了研究，把各个学科融合起来形成方案，取得了不错的成绩，毕业后快速成长为多学科专业人才，在高校从事科学研究工作。

6. 临近空间课题研究

进入 21 世纪，防空问题越来越复杂，研究空域从海平面向高空扩展，从过去研究空域最多可达 30 千米，到现今进一步被扩大至 100 千米。临近空间攻击由于其重要的开发应用价值而在国际上引起广泛关注，成为近些年的热门话题。

近年来，于本水在临近空间课题方面进行了一些研究。临近空间武器主要用在进攻上。美国做过很多试验，比如 X-51 等，但这些试验还没有形成武器，只是验证某项技术。美国的临近空间技术基本成熟。冯·卡门是钱学森的老师，他做过一个计算，在 100 千米高空，假如飞行器要靠空气动力去飞行的话，要达到第一宇宙速度 7.9 千米 / 秒。既然到了第一宇宙速度，就没有必要靠空气动力飞行，飞行器可以按照开普勒定律围绕地球运动，所以就把 100 千米作为临近空间的上限。20 千米的下限定义比较模糊。现在很多防空导弹借助空气动力可以在 20~30 千米的高度作战。美国做过很多试验，包括欧洲、澳大利亚、俄罗斯也做过类似试验。他们试验两类飞行器：第一类是高超声速巡航飞行器，如 X-51A 是比较典型的高超声速巡航试验器，巡航马赫数在 5 以上。到 2020 年，马赫数有可能达到 8。要达到高马赫数很难，因为冲压发动机的气流通过燃烧室的时间很短，组织燃烧比较困难，所以要提高速度非常难。第二类是助推滑翔弹头。

7. 自旋导弹的新问题

于本水是自旋导弹的顾问。早期，自旋在便携式导弹上使用过，现在大型的近程导弹也开始使用自旋。最初，自旋的目的是简化控制系统，即单通道控制。自学生小薛接手自旋导弹工作后，于本水便经常参与自旋导弹的研讨工作。自旋会给导弹带来诸多问题。他仔细推敲，帮导弹设计把脉。在两件事情上，通过他的亲历亲为，完善了导弹设计。

首先，自旋带来的空气动力效应问题。一开始，气动专业的设计师没有注意到这个问题。他们对其带来的效应也经过多方调研，得出的结论是并没有很大影响。于本水对这个结论表示质疑，认为应该通过试验加以验证。自旋现象早期是通过羽毛球运动现象而发现的。羽毛球打出去是旋转的，但是一边旋转一边偏离。偏离又是由旋转造成的。真正研究这个问题，是一百多年前的德国物理学家马格努斯，后来以他的名字命名自旋现象，称为“马格努斯效应”。马格努斯做过两个试验，他发现自旋带来流场的变化解释了炮弹侧偏问题。气动设计师姚来辉做了试验后，发现自旋带来的复杂性确实很大。北京理工大学有关人员写了一部名为《制导兵器气动布局与气动特性》的图书，阐述了自旋导弹，于本水是此书的推荐人之一，他希望从事自旋导弹研究的人员都来读读这本书。

其次，自旋导弹模型早期都是为便携式导弹建立的。便携式导弹涉及很多力学问题，包括一些最基本的力学问题。于本水仔细推导了这些公式。对于便携式导弹，输入的是方波，即脉冲调宽，导弹有一对控制面，导弹在旋转过程中，利用其随纵轴旋转和控制操纵机构的换向，可获得俯仰和偏航方向的控制力，以实现导弹在空间任意方向的运动。苏联研制过一种铠甲导弹，也是自旋的。这个导弹结构比较简单，第二级没有发动机，总共 30 千克，其中战斗部 20 千克，结构和设备 10 千克。从设备角度看很简单，从原理角度看却很复杂。现在研制的自旋导弹只有一对舵面，如有两对舵面，其效率会更高。

于本水高兴地看到，他的学生们逐步成长，并率领他们各自的研制团队取得了很大的成功。

8. 八旬院士的空天防御梦

如今，年已八旬的于本水仍在为航天梦奔忙着，每天的时间都被他安排得满满的。他要把自己一生积蓄的宝贵财富，全部奉献给钟爱的航天事业。

我国已研制成功三代空天防御武器，现正在研制第四代空天防御武器。于本水的梦想是，新一代空天防御武器应从旧的设计框框中走出来，应有重大技术创新。

于本水总结了50余年中国空天防御武器技术发展的经验教训，研究了国外空天防御武器技术的发展动向。他认为，我国应该把握世界科学技术发展的大趋势，认真贯彻创新驱动发展的道路，借鉴国外“弹族化＋智能化”的思路，走出一条具有中国特色的空天防御武器技术的发展道路。

所谓导弹弹族化，是一个顶层设计概念，既考虑横向，即所有陆基和海基、不同空域（远、中、近程）空天防御武器，也考虑纵向，即近期、中期和远期的发展，构成一个导弹家族，称之为“弹族”。所有导弹皆可分为杀伤器＋加速器两部分。

杀伤器包含所有的探测制导控制、杀伤及产生机动力和控制力矩的硬件和软件，具有摧毁目标的能力。加速器的功能是使导弹具有良好的速度特性。

所谓导弹智能化，是指导弹的智能反应，能自主地对感知的信息进行处理，对外界、目标特性及其变化进行分析、判断和推理，具有一定的思维能力和联想能力，从而能做正确的决策和反应，能主动地攻击目标，即智能导弹具有自主性和自适应性。

于本水看到发展智能化导弹已有一定的技术基础。这些技术基础包括当代传感器技术、微电子技术、信息技术和人工智能技术，这些技术的突破，可制造出类似人的视觉、听觉和触觉的传感器，对目标进行高灵敏度和高精度的搜索、探测和跟踪；将观测到的信息通过类似人脑的计算机，对数据、图像、声音和多种特征进行识别、思维、判断和决策，从而控制、制导导弹拦截目标；纳米技术、MEMS 技术和材料技术为导弹小型化、轻质化创造了条件，仿生技术对精确制导具有重大意义。

导弹工程界和使用部门应该思考“弹族化 + 智能化”的导弹技术给其带来的影响。

于本水认为，这将改变现有的设计模式，大幅度提高导弹作战效能，降低成本，改变现有生产模式，提高生产效率，改变现有作战使用模式。

经历半个世纪的导弹研制工作，于本水对于目前开展“弹族化 + 智能化”导弹研究工作，提出了自己独到的建议。

他认为，“弹族化 + 智能化”导弹研究是导弹技术领域的一个重大技术进步和技术创新，是设计领域的技术革命。弹族化就是导弹将由个体化设计转向“族化”设计，智能化就是导弹将由自动化武器转向智能化武器。

对于“弹族化 + 智能化”的实现路径，于本水也进行了深入研究。他给年轻一代航天人指出，关键是统一认识，要有技术勇气，及早开展工作。弹族化是导弹总体设计的指导思想问题，可以先研制一个大气层内的通用杀伤器，甚至可以在某些型号改进中运用。在智能化实现方面，应逐步实现，可以先从目标类型识别、要害部位识别和智能杀伤做起，同时支持各有关专业智能技术的发展，及时用到总体设计中。

凭借着几十年的导弹研制经验，于本水相信，“弹族化 + 智能化”不是幻想和空想，而是空天防御武器专家的梦想和理想。它需要第二代航天人的科学技术勇气和智慧，实现具有“弹族化 + 智能化”特征的新一代空天防御武器的导弹梦。

9.“非典”期间奔赴一线解难题

2003 年，沈阳某型号在试验中发生了爆炸，由于影响较大，中国航天科工集团公司组织专家组，由于本水任组长，张志鸿、孙连举、朱家元等一同到沈阳处理。由于此时正值“非典”期间，给这段远赴沈阳的行程带来了不少困难。

他们一行乘坐一辆面包车去沈阳。由于北京是“非典”重灾区，汽车进入河北地界，当地人如临大敌，惊慌失措，把他们的人和车进行了彻底的检查和消毒。到辽宁后，检查消毒更为严格。为了避免麻烦，车子开到沈阳后，于本水他们换上当地的车，直接开到工厂开展工作。

这发导弹是战斗弹，未安装遥测设备。从残骸来看，发动机和战斗部都爆炸了。难题在于无法区分出究竟哪个是爆炸源，是发动机爆炸导致战斗部引爆，还是战斗部爆炸引起发动机爆炸。专家组在沈阳听汇报、看残骸，翻来覆去地进行分析。

首先，根据经验判断，战斗部爆炸破片穿破发动机切面是高速切面，而发动机爆炸切面是撕裂性的。于本水组织专家对残骸切面进行观察，经过讨论，给出的初步结论是发动机而不是战斗部先爆炸，本次试验失败最大的可能性是由发动机爆炸引起的，但也不排除其他分系统。

其次，为了得到更科学的证据，于本水请国内某研究所把试验残骸带回去分析。该研究所是材料领域的权威机构。经过分析，研究所很快给出了结论：如果是战斗部先点着发动机，以每秒 2000 米的速度，壳体上炸出来是孔的样子；如果是发动机先爆炸，速度比较慢，金属表面会有撕裂性的痕迹。而本次分析的试验残骸上有明显的撕裂性痕迹。该分析结论有力地支撑了专家组给出的初步结论。于本水领导专家组，历时一个月，最终确定了故障结论是发动机先爆炸。故障归零的关键是要内蒙古的发动机研制厂家接受这个结论。

于本水带领专家组又奔赴内蒙古。他们一路颠簸到了呼和浩特，讨论了上述结论。讨论过程中，发动机总师仍然坚持认为是战斗部先爆炸。后将证据拿出来之后，他们才接受了这个结论。这型发动机很复杂，内部装药里含有金属丝，设计时参考了国外的设计经验，但由于材料和工艺与国外不一样，因此引起了故障。由于于本水指导的方向正确，此次归零工作很快到位。

10. 航天系统人才观

多年来，于本水一直在第一线从事导弹型号研制工作，积累了丰富的经验。根据长期的观察和体会，他认为，要想当好设计师，尤其是主任设计师以上的系统设计师，必须具备一定的条件。设计是一种创造性的劳动。设计不仅涉及到系统的性能，满足规定的战术技术要求，而且涉及到生产、使用和维护整个系统生命过程，涉及到研制周期、成本和效益等一系列问题。

于本水认为，我们所从事的航天系统研制周期一般为6～10年，其服役期限一般大于15年，再加上改型升级可能超过30年。设计工作在系统研制工作中占有最重要的地位。从事航天系统研制的设计师，尤其是主任设计师以上的系统设计师，担负着非常重要的责任。

2002年，为庆祝二院建院45周年，于本水写了题为《谈航天系统设计师应具备的条件》一文，系统论述了航天系统设计师应具备的素质。这也是他的航天系统人才观。

第一，航天系统设计师必须具有坚强的事业心和献身航天的精神，那种见异思迁、见利思迁的人是难以完成航天系统研制这个艰巨而复杂的任务的。因为我们的研制工程庞大，一干就是几年、十几年，而见小利就跳槽的人是干不了这种工作的。

第二，航天系统设计师必须具有扎实的理论基础和系统的专业知识。不具备这个条件，在研制工作中就底气不足，难以认识研制中的技术问题。因此，要打好数学和物理基础。总体设计工作中，常常会用到微分方程，特别是常系数的微分方程，因此，一定要将线性微分方程学会学懂。几乎所有的运动最后都可以用微分方程表示，而所有的动态现象，也都往往用微分方程来表示。控制系统设计中主要使用的是微分方程，如果学懂了微分方程，学控制系统就比较容易了。结构设计工作中使用的是偏微分方程，比微分方程还复杂。所以，要学好基础课程，为以后从事工程技术打下坚实的基础。于本水一直认为，博士比大学生优秀的原因之一就是基础知识更加扎实。

于本水非常注重学生的基础理论的学习，他的书柜中有各种版本的普通物理学、数学分析、理论力学和空气动力学书籍，在遇到具体问题时，总是先从理论上进行分析，给出指导实践的具体措施。于本水认为，总体人才应当是“通百家而精于一道”。

第三，航天系统设计师特别是担任主任设计师以上的人，必须具有一定的型号研制实践经验，要理论与实践相结合。他认为，一个刚走出校门的毕业生应经过一定的型号实践再担任主任设计师是比较合适的。由于人才短缺，过早地提拔年轻人去担任主任设计师，这是没办法的办法。他认为，刚毕业的学生也不适合一来就去干大总体，应该先到分系统岗位去锻炼。

于本水年轻时，在生产厂工作过一年，得到了长足的锻炼。导弹是工程项目，有很多工艺环节，需要深入了解。由分系统做起，慢慢再到大总体。于本水下过工厂，设计过弹道，他认为这样更能胜任总体工作。

第四，航天系统设计师必须具有创新能力。在系统研制过程中需要正确处理创造性和继承性的关系，要合理解决性能、成本、进度、可靠性和维修性之间的关系。对于研制过程中出现的大量技术问题，系统设计师的大脑应当是一个“加工厂”，善于透过现象看本质，由表及里，抓住要害，及时提出解决问题的办法。于本水对中国航天科工集团公司、中国人民解放军总装备部的各种创新项目都给予极大的关注，是创新工作的积极倡导者和亲身实践者。

第五，航天系统设计师应具有论证能力、设计能力、试验能力和分析能力。应能根据战术技术指标对本系统进行方案论证，保证系统方案的先进性和可行性。年轻的设计师更要多问几个为什么，全方位地分析和解决问题，给出系统的总体方案。

第六，航天系统设计师要善于与人共事，善于与不同专业、不同性格的设计师共同工作，取长补短，以攻破各种关键技术和解决各种复杂的技术问题，优化技术方案。做总体的人，除了技术之外，还要有与人共事的能力。没有这个能力，做不了总体设计工作。假如一个人性格孤僻，即使技术很好，如果不能团结别人，也不能负责大工程。总体人必须有组织能力，一个人单打独斗不可能完成导弹总体设计工作。有些人把所有的事情都自己干了，不让别人干，或者只让别人打杂，时间长了，就没有人跟他干了。

于本水认为，要善于与不同性格的人共事，发挥大家的作用，正确处理自己和他人的关系。要成事，成大事，就必须具备这个素质。这就是领导的艺术，否则永远担负不了重大工程的大任，你可以当一个领域的专家，但是不能当总师。但凡在航天领域成大事的，都具有这个特质。有些同志技术并不差，但是却成不了大事，就是因为他不具备这个素质。于本水利用空闲时间，阅读了大量的俄罗斯专家写的有关空天防御武器研制的回忆录，其中，有关“纯设计师”失败的例子给他留下了深刻的印象。“纯设计师”就是只懂技术，不能发动群众，不能与人共事，所以成不了大事。过去人们不太重视这个素质，现在开始逐渐改变这种状况了。世界上著名的工科大学如麻省理工学院等都开设了人际关系和组织管理的课程。他领导的团队，之所以总是在和谐、高效的氛围中，解决了一个又一个系统难题，原因就在于此。

研制武器系统靠总设计师一人是无法完成任务的。总设计师在武器系统构建层面上起决定作用，但他不可能对每个分系统的技术都精通，这就需要在各个专业领域都有具备卓越能力的成员。

曾任二部主任的孙连举对于本水的识人用人能力和高超的管理能力，给予了高度的评价。他说，于本水具有过人的用人智慧，慧眼识珠，是懂得用什么样的人、怎样用人的领导者。在组织研制队伍时，于本水都亲自到基层挑选人员，因为他对自己需要的人的技术水平和工作能力都非常了解。这就像下棋，每颗棋子都有自己的作用，要取得全局胜利，就要看布局的人怎么使用。于本水带领的各个研制团队和谐、高效、团结、一致，最终都取得了骄人的成绩。

早在 20 世纪 70 年代，于本水和孙连举在 26 所时就在一起工作。当时，于本水是研究室主任。毕业于北京航空学院的孙连举在他手下从事导弹控制系统工作。在对外合作项目中，两人也一起共事，并在某陆军项目的研制过程中并肩战斗。多年的耳濡目染，孙连举对于本水具备的深厚的专业知识和丰富的工

于本水（左）与外国专家会谈

程经验十分佩服。

在与外方的谈判中，于本水很有技巧，无论是导弹系统还是武器系统，都能和对方深入讨论，充分展示了他的技术能力以及提出问题和解决问题的能力。

在孙连举担任控制系统主任设计师期间，有一个对外合作项目，本应由于本水带队去谈判，但因他临时有重要任务脱不开身，于是由孙连举带队前往。孙连举从未独立承担过与外国专家的谈判任务，加之语言也不通，感到压力很大。

在孙连举带队出发前，于本水找到孙连举，向他面授机宜。从谈判的方式、方法、需要注意的问题，甚至连翻译过程中有可能出现的词不达意等细节，他都交代得十分周到。于本水还鼓励孙连举在谈判中放手大胆地干，不要缩手缩脚，遇到事情也不能着急，该做主时就大胆做主。这些周到细致的嘱咐，让孙连举颇具底气。

受到这些启发后，孙连举在这次谈判中，首先在心里明确了哪些技术指标不能让步，哪些技术指标可以讨论。

在讨论空域计算的问题上，外方最初不肯让步，一再强调做不到。孙连举寸步不让。结果到了吃饭时间，双方也没谈拢。孙连举说，那就暂时休会，以后再谈。没想到，第二天，外方拿出了整套计算结果，承认中方提出的空域指标可行，最终使谈判按照中方的既定目标顺利执行。

这次谈判，既锻炼了孙连举的能力，也增强了他的信心，给他以后从事的项目提供了宝贵的工作经验。回国后，孙连举向于本水介绍了此次谈判的情况。于本水对孙连举的成绩大加赞赏。

孙连举就任二部主任后，在用人和技术发展上，多次请于本水当参谋，并且采纳了于本水的许多意见和建议。

11. 著书立说

于本水还有一个将知识代代相传的办法，就是通过写书、写文章给后代留下知识和经验。一种是把国外的相关情况介绍给大家，另一种是根据自己多年的工作经历，介绍我国研制产品的经验教训。

还在苏联留学时，于本水就和王永志、王晋华一起翻译过苏联的《喷气式飞机》一书，1959 年由国防工业出版社出版。

20 世纪 80 年代，于本水、杨存富和唐纹瑛一起翻译了英文版的《防空导弹系统工程》，连载在《系统工程与电子技术》杂志上。于本水和张百忍、王泽厚一起翻译了苏联出版的《系统工程与无人驾驶飞行器设计》，全书 50 万字，1989 年由宇航出版社出版。

针对我国大学导弹设计教科书受苏联教科书影响较大、资料过于陈旧的问题，于本水主编了《防空导弹总体设计》。该书总结了20世纪90年代前的防空导弹总体技术，1995年由宇航出版社出版，2007年再版。

此外，于本水还担任了《近程舰空导弹设计与试验》一书的主编，并亲自撰写了其中两部分内容，对导弹总体和各分系统的工作原理、研制过程和经验教训，进行了系统总结，具有较强的参考价值。

于本水常常告诫年轻一代的航天设计师，作为工程技术人员，理论必须与实践相结合，要边工作边学习，而且要带着问题去读书，这样才更容易理解。遇到实际问题，要回到基础理论上去认识。理论基础弄懂了，很多问题就很容易解决，例如颤振问题，其理论比较深奥，但理论基础研究明白了，就比较容易搞懂实际问题。

《喷气式飞机》封面

《系统工程与无人驾驶飞行器设计》封面

《防空导弹总体设计》封面

于本水

于本水院士传记

Academician Yu Benshui's Biography

第十三章

大爱无疆 情系亲人与家乡

半个多世纪以来，于本水夫妇相识、相爱、相知、相守。苦难、贫穷，他们携手应对；成功、喜悦，他们共同分享。他们像两棵大树，肩并肩站在一起，永不分离。

2011年，是于本水和朱小泉结婚50周年。夫妻俩一商量，决定赴加拿大庆祝他们的金婚。他们的一双儿女在那里定居，如今都已事业有成，家庭美满。

20多天里，在儿子和女儿的分别陪伴下，于本水和朱小泉遍游加拿大的风景名胜，尽情享受着天伦之乐。

回首携手相伴走过的人生路程，夫妻俩无怨无悔。于本水说："当年，我们是同学，互相之间很了解，走到一起，水到渠成，是很自然的。"朱小泉说："我们就是两个善良的人，组成了一个家庭，一起过日子。"

朴素的语言，道出了他们跨越半个世纪而弥久不衰婚姻的真谛。那是千帆过后阅尽沧桑的沉静与洒脱。在那个激情燃烧的年代，他们没有普通年轻恋人的花前月下、卿卿我我，有的只是对事业的热情与执着。

50多年来，于本水一直在科研第一线从事空天防御武器研制工作，先后参与和主持了多个导弹型号的研制，为中国航天事业做出了重大贡献。立功受奖无数，朱小泉为他骄傲和自豪，"军功章"里，也有她的一半。

于本水各个时期的照片

1956年

1965年

1970年

1972年

1985年

1988年

1990年

1998年

2001年

2004年

2011年

2013年

1.相识于留苏预备部

于本水和朱小泉相识于20世纪50年代初。1954年，两人高中毕业后，分别从东北和中南被挑选到北京进修俄语，准备赴苏联留学。

在分班测验中，于本水抽到的考题是将一篇介绍中国人民政治协商会议的俄语文章译成中文。于本水曾学过6年俄语，这对他不算难事。他很得意在翻译中把自己的文采好好地发挥了一番，其中有一句译文是“中国人民的解放战争接近了尾声”，直到今天，于本水仍然记忆犹新。最后，他获得了高分，被编到高级班。而朱小泉一直是学英语的，俄语只学了两年。无巧不成书，她那天抽到的考题，是她曾经学过的介绍俄国十月革命的文章，内容很熟悉，结果轻松且高质量地完成了翻译。于是，老师顺理成章地要把她编在高级班。她如实将情况向老师做了解释。也许是老师相信朱小泉的潜力吧，她还是和其他 20 多名来自全国各地的俄文水平较好的同学一道，和于本水做了同班同学。

因为于本水年少时曾参与过社会活动，又是党员，学校指定由他组建团支部。起初，他并没有留意到朱小泉这个质朴、善良的女同学。只是从她的个人资料中了解到，她 1948 年就参加了毛泽东青年团。于本水暗想：比我的资格还老呢。就提议让她当团小组长。

直到多年后，随着两人的接触渐渐增多，于本水才发现，在朱小泉弱小的身体里，蕴藏着巨大的精神力量。幼年的于本水所经历的，是日本侵华战争带来的民不聊生，让每个家庭吃不饱、穿不暖的贫寒交迫的生活以及从小当童工从事的繁重体力劳动。朱小泉幼年时经历的，是战乱的磨难，以及跟随从事革命工作的父母东躲西藏的颠沛流离。

与生在东北贫苦农家的于本水相比，朱小泉可算得上是高干子弟了。她的父亲朱效成是 20 世纪 30 年代初加入中国共产党的老革命，是山西省五台地区党组织的主要创始人之一。他一生转战南北，为中国革命和建设立下了功勋。抗战爆发后，1937 年 11 月 18 日，根据八路军 129 师命令，在太行山区成立了第一支由共产党领导的抗日游击武装——129 师秦赖支队，由秦基伟任司令员，赖际发任政委，朱效成任政治部主任。后来，他担任过邯郸市市长，湖南省工商厅厅长兼党委书记，广西有色金属局局长兼党委书记，地质部中南地质局局长兼党委书记，地质部地质矿产研究所党委书记兼副所长，地质科学院第一副院长兼党委书记，地质部区域地质测量局局长兼陕西省地质局局长，中国地质学会秘书长。曾任第五届全国政协委员，享受副部级待遇。

然而，出生在这样一个革命家庭的朱小泉，小时候可吃尽了苦头。她的老家在山西省五台县的槐荫村，这是山西的一个名村，人丁兴旺，重教兴学的灵秀之地，再加上交通便利，信息灵通，因而经济发达，思想解放，从明清至今，代代有名人。

1934年4月2日，朱小泉出生在山西阳泉。父母让她随母姓，取名“杨泉生”，小名“小泉”。朱小泉还在母腹中，朱效成因为闹革命被关进监狱。怀着身孕的母亲四处奔走，打通各种关节，终于让父亲得以保释。朱小泉刚刚出生10天，父亲又遭到通缉，只好带着她们母女俩四处躲藏。3岁时，朱小泉被送到外祖母家抚养。

20世纪30年代末，朱效成在太行山根据地打游击，先在秦赖支队任政治部主任，后来调任专区武委会主任和专员，结束了居无定所的生活，暂时安顿下来。朱小泉也被交通员带着，骑着毛驴，从外祖母家一站接一站地送到父亲身边。几年不见，她对父亲已很陌生。然而，血缘亲情终归是一种天然的力量，慢慢地，她对父亲模糊的印象变得清晰起来。

到了该上学的年龄，朱效成的警卫员帮她报名，想当然地就报了“朱小泉”。于是，这个名字开始伴随她终身。

20世纪40年代，朱小泉在邯郸中学读书时，她的老师俞平是毕业于延安鲁艺的音乐家。在俞老师的教育下，她深深地爱上了音乐，还演过歌剧《白毛女》中的喜儿。

后来，朱小泉跟随南下的父母，从邯郸到湖南、广西、湖北，一路走来，北方的山水给了她坚韧，南国的土地赋予她灵秀。这也就是于本水对她的最初印象：为人朴实、诚恳、热情、真实。

朱小泉也在暗暗地观察于本水。在她眼里，于本水是一个十分聪明、具有组织能力、少年老成的同学。留苏预备班的俄文外教名叫娃洛秀科，是援助中国的苏联专家的夫人，课堂上经常点名让于本水回答问题。一篇课文，听了3遍，于本水就能背诵并且默写下来。

不过，在朱小泉看来，这个同学还“有点老土”。苏联人喜欢跳舞，不希望中国人是那种他们形容的“干面包”或者“暖水瓶”性格，于是学校周末经常组织舞会。每当这时候，于本水总是把自己关在宿舍里看书。朱小泉性格活泼，很乐意参加这种热闹的活动，常常带着女生去“抓”于本水，要他带头参加舞会，却屡屡失败。

这样一来，于本水始终没有学会跳舞，但他也从未因此而后悔：“我就是自己不喜欢跳舞，但是我不反对别人跳。”为此，朱小泉没少“批评”他“顽固，封建思想”。

眨眼间，在北京一年的进修就在这样紧张的学习和丰富多彩的课外生活中很快过去了。到了报专业志愿的时候，朱小泉本想继承父业从事地质工作，但母亲心疼女儿，不愿意她在野外风吹雨打。听从母亲的建议，朱小泉报了电子专业，学习微波电真空器件。

1955 年 9 月，于本水和朱小泉等近千名留学生，其中包括大学生、研究生、进修教师等，踏上了赴莫斯科的专列。一周后，列车到达莫斯科，于本水进入莫斯科航空学院学习飞机专业，朱小泉则前往列宁格勒，赴列宁格勒电工学院（现彼得堡电工大学）学习。

分隔两地，在忙于各自学业的同时，于本水和朱小泉依然保持着联系，偶尔通信，交流彼此的学习、生活情况。放寒暑假时，双方还互相到对方所在的城市见见面。爱情没有降临，友谊依然故我。

2. 事业上相互支撑

1960 年，于本水完成在苏联的学业，准备回国。这时，他收到朱小泉的一封信，询问他回国后有什么打算。于本水没有猜出信中的未尽之意，没有答复。回国后，他被分配到国防部第五研究院一分院二部总体室工作，而朱小泉则被分配到北京工业学院（北京理工大学的前身）任教。

几经辗转，他们重新建立了联系。瓜熟蒂落，1961 年 9 月，于本水和朱小泉决定结婚。凭着单位出具的结婚登记证明，领导帮他们借了一间集体宿舍，褥子都是借用招待所的，凭票到商店买了一些糖果、炉子、厨房用具等，就这样简简单单地办完了终身大事。不过这次不像当年参加舞会那样，于本水没有“逃”过朱小泉的坚持，被“抓”到著名的王府井中国照相馆，拍了一张婚纱照，

1961年，于本水夫妇结婚照

留下了弥足珍贵的纪念。照片上，新娘一身洁白的婚纱，新郎西装革履，风华正茂的于本水和朱小泉一脸幸福。这在20世纪60年代的中国，可真是十分的“洋派”呢！

于本水所从事的研制工作，需要到有关研究所、生产厂家、试验基地等四处奔波，有时一去就是几个月，根本无暇顾及家庭。家务及养育孩子的重担，全部落在朱小泉柔弱的肩膀上。照顾老人、孩子生病送医院、去学校开家长会等，都是她一个人亲力亲为。有一次，于本水的父亲到北京做青光眼手术，因为交通不便，身材瘦小的朱小泉，硬是用自行车驮着老人去医院做手术。到了医院后，她跑上跑下，找医生，交药费，办理住院手续，一个人不厌其烦地处理一切事务。不管是医护人员还是病人、家属，大家都没看出来，这个儿媳妇跟女儿有什么区别。

苦、累，是自然的，但朱小泉从未抱怨过一句。她对丈夫的工作，有着深深的理解。她知道，丈夫干的是大事。

多年后，当朱小泉离开工作岗位时，热爱音乐的她开始自己创作歌曲，她把这些都写进了歌里。于是，我们看到她《送爱人去基地》:“列车徐徐开动，我挥着头巾，儿子挥着小手，送你去基地。你说过我理解你，好像送我去产房，

2011年，于本水夫妇加拿大金婚之旅与儿女团聚

等待儿子的诞生，也像当年妈妈送爸爸上战场，等待胜利的到来。你和你的朋友，潜心研究昼夜奋战，胜利的曙光已出现在地平线，等待神箭冲云霄。我们两地同欢庆，儿子忽然对我说：长大我也铸神箭。”

也看到她《等着爱人从基地归来》：“从基地传来了胜利的消息，神箭试验奏凯歌，我的心飞到了戈壁滩，想与他分享胜利的喜悦。我似乎觉得他已进了家门，说这功劳有我的一半，也有你的一半。我把他爱吃的饭菜端到桌子上，想看看他怎样狼吞虎咽，突然电话铃声响，说试验队已经到了机场。我拉着儿子往外走，儿子说我要带上成绩单，我和爸爸比成绩，小航天要胜过老航天。”

听到她夸《我家有个好丈夫》：“我家有个好丈夫，让我骄傲，爱我之心，爱我之情，无法表达刻骨铭心，海枯石烂，永不分离，崇高理想，共同道路，相扶相携，共度人生。他献身伟大的事业总是奋不顾身，学习孜孜不倦，以天下事为己任。他对妻子细心呵护，看到青年成长他欢心，他为事业跑南闯北，我的爸妈常把女婿夸，如果有来世，还要嫁给他。”

朴实的爱情就是这样渗透在生活中、柴米油盐等琐碎的点点滴滴中。有了精神上的相互理解、事业上的相互支撑，以及为同一个目标的追求，便无需靠金钱和物质来满足。于本水和朱小泉共同建立的这个家，温暖、充实、坚固，遮挡着人世间的风雨飘摇。

每个人走过的人生之路，其实都有着抹不去的时代痕迹。于本水夫妇育有3个子女。从子女的名字上，就可以看出那个时代的特色。儿子1962年出生，那时三年困难时期刚刚结束，取名“于明”，意即“困难时看到光明”；大女儿1968年出生，取名“于红”，正是“全国山河一片红”时期；小女儿1972年出生，取名“于策”，那年，“文革”中受到冲击的外祖父朱效成被落实政策。

于明出生后，于本水和朱小泉依然在一个城市“分居”着，各自忙着自己的事业。好在家中老人帮了不少忙，分担了家庭的重担。儿子刚两岁多，只得送到全托，两周接送一次。为此，他们要付出更多的学费，相当于于本水月工资的一半。

有一次，于本水忙完工作去幼儿园接儿子。天色早已暗下来，家家户户亮起了灯，别的孩子都被家长接走了，只剩下儿子孤独地等在幼儿园门口。远远地望去，于本水看见儿子的脚不停地在门上踢着。那一刻，他的心，充满了愧疚。

二院政委董启强考虑到于本水的实际困难，更是出于惜才爱才的目的，想把朱小泉调到二院来。北京工业学院院长魏思文同样出于惜才爱才的心理，坚决要把朱小泉留在学院，不放她走。

魏思文是山西文水人，1954年开始任北京工业学院院长，他在学校里没有将军的架子，对教师和学生很客气，经常到学生宿舍和学生谈话，被称为“光头将军”（谢顶）。他虽然出身贫寒，从小没有受过系统的教育，却坚持在五系（无线电系）读了4年本科，并树立了3名拼命学习、成绩优秀的样板学生，其中一名年轻学生就是后来的中国雷达专家、中国工程院院士毛二可教授。在魏思文的严格管理下，北京工业学院在20世纪50年代桃李芬芳，向航天部输送了很多人才，成为导弹火箭研制队伍的骨干。可惜，魏思文在“文革”中被迫害致死，1978年平反，并被追认为革命烈士。

对于调动这件事，于本水起初并不赞成，他不想给组织上添麻烦。因为大家都是这种状况，一心扑在工作上。“生在永定路，死在八宝山”，“不求名，不求利，只求导弹早上天”，“千方百计快快快，卧薪尝胆干干干”，成了二院人的口头禅，大家都拿这些话来激励自己，很多人每天只睡三四个小时，不少人连上下班都是一路小跑，哪有人舍得为家庭分心呢？

女人的心思更周密一点，在别人的指点下，朱小泉给学院领导写了一封信，陈述自己的家庭困难。没想到，董启强和魏思文刚好是战友，两人一通气，都为于本水忘我地投入科研工作的精神所感染，决定成全他们，让朱小泉这个贤内助成为于本水坚强的支撑。1964年，朱小泉调到二院计量站（后称203所）工作。

1989年，朱小泉从二院203所退休后，重新燃起了从事音乐创作的兴趣。2005年，她的母校邯郸中学60周年校庆，朱小泉特地创作了一首《永远怀念你，我的母校》。这一年，正好也是她父亲诞辰100年。这首歌成了她的“处女

1986年，于本水全家福

1997年，于本水夫妇在海南度假

作”。一直文笔不错的于本水还帮她润色了歌词。

此后，朱小泉的创作热情一发不可收。近 20 年来，她创作了 500 余首歌曲，其中很大一部分是讴歌航天精神的。《我们是航天人》《飞向太空》《我们为航天事业献身》《奔月》《相约太空》《喜看神舟飞天》等，歌颂航天人为富国强军而艰苦奋斗的伟大精神，把她对航天人的感情表达得淋漓尽致。她在歌曲《我们为航天事业献身》中写到：“我们怀着青春的豪情，祖国的需要就是我们的志愿。我们投身于骄傲的中国航天事业，心中感到无限的光荣。我们不分昼夜地战斗，为了使祖国更强大，我们奋斗在戈壁滩上，夏战三伏，冬战三九，我们奋斗在汪洋大海里，哪怕狂风暴雨，波浪滔天。神箭拖着火焰冲上云霄，它象征我们雄心壮志，奋斗带来了成功，祖国更加强大繁荣。”

3. 孩子们心中“山一样高大的父亲”

于本水的三个子女都遗传了父母理工科的基因。儿子于明在清华大学无线电系学习，六年时间完成本硕博连读，1990 年远赴加拿大深造，现在是当地一家大公司的首席科学家和技术总监。大女儿于红在北京的一家高校读完计算机专业后，在加拿大一家软件公司工作，现在一家三口已在当地定居。小女儿于策从北京工业大学计算机系毕业，工作一段时间后赴加拿大留学，在那儿事业和生活双丰收，不但获得了硕士学位，还生下了一个可爱的女儿，目前她在北京的一家外企工作。

儿女事业有成，家庭幸福。有人问及于本水家庭教育的诀窍，他轻描淡写地说："完全是靠他们自己奋斗。可能是看我们俩都爱学习吧，他们从小也都是这样。就算是上厕所，也都捧着一本书。如果发现谁在到处找书，那完全可以肯定，他是要上厕所了。呵呵，这就是潜移默化的影响吧。"语气中透露出骄傲和风趣。

在儿子心中，于本水是像山一样高大的父亲，一直是他的榜样，总想超越，却始终落在他的后面。于明认为，父亲给他最大的财富，就是无论在什么情况下，面对逆境、困难，总会找到解决问题的办法。

也许因为于明是家中长子，又是唯一的男孩，于本水对他的要求从小就格外严格，而对两个女儿则要宽松多了。长大后，妹妹们常开玩笑说，父亲对哥哥"偏心"。

年幼的男孩调皮好动，于明上课也坐不住，爱做小动作，有的老师不喜欢他这样，就把状告到家里来，于明就会受到父亲的严厉批评，这让于明对父亲充满了敬畏。有一年，于本水的母亲韩玉兰来北京住了一阵子，临回东北老家之前，还不停地叮嘱他：你就这一个儿子，有事儿好好说，不要打他。

直到成年后，于明对父亲仍没有丝毫的埋怨，而是给予了极大的理解。于明觉得，也许是因为那时候父亲年轻吧，性子急了点，而且工作很忙，也不希望家里的琐事让他分心。

受父母爱学习的影响，于明从小就爱看书。父母忙于工作，无暇照顾孩子们，于明常常被送到外公家，这倒成全了他爱读书的愿望。外公家有很多旧书，上小学一年级时，于明就看完了《三国演义》和一些唐诗宋词，自己也学着写诗，抒发少年情怀，梦想着将来成为一名作家。

“不幸”的是，于本水及时察觉了这个苗头，不支持儿子的理想。有一次，于明写了一篇参观长城的作文，文中写道：“我登上了长城，伸手摸到了云彩，那云彩像棉花套一样……”他觉得自己很有文采，心里颇为得意。没想到，于本水一看，不以为然，认为这太不符合实际，纯属“瞎发挥”，让他返工重写。

对于儿子想当作家的念头，于本水没有明确地表示反对，而是不动声色，很智慧地处理好了这个“问题”。他带着于明到街上的五金商店，买了一些半导体矿石、零件等，培养他对无线电的爱好。这一招果然奏效。

20 世纪六七十年代，许多家庭的男孩都有自己动手做无线电小设备的经历。聪明的于明很快就对无线电产生了浓厚的兴趣。13 岁时，他做了一个无线电干扰器，无意中发现，只要对着电视机一开，就会干扰它的接收效果。那时有电视机的人家不多，为了让街坊邻里都能看到电视节目，常常把自家的电视机搬到外面。这时候，于明就开始试验自己的“发明”了。他悄悄地把这个干扰器放到裤兜里，对着电视机打开开关，立刻，屏幕上就呈现出一片雪花。看到自己“淘气”的成果，他“心里乐死了”，这件事成了他“童年最快乐的事”。

无数次的验证，让于明感受到科学技术的神奇，从此坚定了从事科研的信心。当然，他从未对父亲说过这件事。他深知，父亲其实是支持他的。有一次，在做无线电时，因为操作不当，他把一只万用表烧坏了。他以为这次父亲会生气，心里惶惶然。没想到父亲知道后，只是轻轻地说了一句："学习是要付出代价的。"这让于明深感意外，看来父亲对孩子的要求是松严有度的。

于明的学习成绩一直很好，但却很少得到父亲的当面夸奖，仿佛这一切都是理所应当的。直到上了高中，他无意中听到父亲与同事谈起他，语气中充满了自豪，这才让他相信，其实父亲一直在关注着他，只是作为一个男人，不愿意公开表露感情罢了。

在于明的记忆里，父亲的同事、同学常常到家里来，可以说是"谈笑有鸿儒，往来无白丁"。他们谈论的，也都是科研方面的话题。这样的氛围，激励着他不断上进。

1980年高中毕业时，于明就读的人大附中向北京大学和清华大学各推荐5名优秀毕业生，他被推荐到清华大学。但在高考时，他又一次"瞎发挥"，在作文《画蛋》中过于"别出心裁"，影响了语文分数（实际上，他的作文经常被选为海淀区的范文），语文没有达到他期望的分数，但还是超过了清华大学的录取分数线，被无线电系录取。

于明想起父亲曾经给他的言传身教，那就是在任何条件下都要敢于面对挑战，于是他更加努力。大学三年级时，于明被学校推荐进入硕博连读。他用了6

2011年，于本水夫妇（左三、左四）与儿子一家在一起

年时间，完成了大学本科、硕士和博士全部学业，成为清华大学优秀毕业生。

于明现在在加拿大一家大型电子公司任首席科学家，因为公务需要，也常常在中加两国来回跑。不管工作多么繁忙，每次回国，他总要挤出时间回家陪伴父母。于明看见父亲还没有白发，而自己却有很多了，而且父亲的记忆力也很好。父亲健康的身体状况和饱满的精神状态，年逾八旬仍精神矍铄，为中国航天事业四处奔忙，让于明深感欣慰。

4. 子欲养而亲不待

都说父母是孩子的第一任老师。从到九台读初中开始，几十年来，于本水与父母在一起生活的时间并不长。他成家立业后，父母偶尔会到北京住上一阵子。但老人故土难离，还是习惯东北那片他们生于斯长于斯的热土。

1964 年，于本水的父亲于长海第一次从老家到

2001年，于本水夫妇在父母住过的草房前合影

北京看望儿子。此时，于本水在导弹研制事业的道路上已踢开了头三脚，此时于明也已两岁。看到儿子一家3口其乐融融，父亲甚是欣慰。于长海是村里很有威望的人，很正派，当了十几年的党支部书记。于本水觉得时代变了，人们的思维、观念不同于以往，已经无法按照过去那一套来管理村子了，而且父亲本身又没有什么文化，就建议父亲把岗位让给年轻人。于长海想想，觉得儿子说得有道理，回去后就辞了支书一职。

20世纪80年代，于本水的父母因病相继撒手人寰，他们疼爱的大儿子却没能陪在身边，送他们最后一程。每每想起，于本水都唏嘘不已，对父母充满了歉疚之情，这成了他心里永远的痛。

1983年5月，正处于低空超低空导弹研制的紧张攻关阶段，于本水突然接到老家的电报，得知父亲于长海病危。他立刻放下手里的工作，收拾行李，匆匆赶往东北。

到了长春，于本水和定居在那里的大弟弟于本湖一起，星夜兼程，赶赴九台。从九台到大营城子，还有70里路程。那天正赶上下大雨，道路一片泥泞，有些路面甚至都被雨水冲烂了，于本水心急如焚。县政协主席是他的同学，热心地四下打听，帮忙寻找交通工具，结果找到了县长。县长很慷慨，答应派自己的车送于本水回老家。

兄弟俩坐上县长的车，一路狂奔。离家还有8里路，道路泥泞难行，只好停下车子，改为步行。于本水看见一辆过路的拖拉机，急忙拦住，想搭个便车。很巧，刚好是老家那个村的。于是，兄弟俩搭上拖拉机，一路颠簸，回到家里。

于长海因为年轻时被日本人抓了几年的劳工，备受摧残，身体受到很大影响。73岁的他，被疾病折磨得卧床不起。见到远道赶来的儿子，他高兴得一下子坐了起来，眼睛发亮。

接下来的日子里，于本水每天陪在父亲床前，跟他聊天，喂他吃从北京带去的桔子罐头。这在当时算是高级营养品了。几天后，于长海怕耽误儿子工作，多次催他回京。

看着父亲精神渐渐好起来，同时也惦记着自己的工作，于本水依依不舍地告别父母，返回北京。工作依旧忙得不可开交，但他的心里始终挂念着父亲的病情。由于通信条件落后，没有电话，来往信件要好几天才能到达，根本无法及时了解父亲的情况。他只好在心里默默地祝福父亲，期待他早日康复。

于本水最小的弟弟于本新也在北京工作，那段时间正好因公出国了。返回北京后，于本水将父亲的情况告诉了他，并催促他赶快回老家看望。于本新到家的那天，已是夜里 9 点多钟，父亲已经睡下，临睡之前告诉家人不要叫醒他。然而到了后半夜，他就离开了人世，走得很安详。

办完父亲后事的于本新回到北京，于本水才得知父亲去世的情况。3 年后，于本水再次经历了丧母之痛。这一年，母亲也是 73 岁。这次，于本水因为在某试验基地参加飞行试验，同样未能陪伴在母亲身边。

在母亲去世的前一年，于本水专门抽时间回去看望母亲。母亲因为患糖尿病不能吃糖，细心的于本水不断地从北京购买木糖醇食品，通过邮局寄给母亲。看到骨瘦如柴的母亲，他难过极了，心揪一样的痛。

1986 年六七月间，母亲去世的噩耗传到北京，于本水还在某试验基地参加靶试。朱小泉接到老家的电报后，第一时间赶到邮局，汇去了一些钱。等于本水收到朱小泉的信时，已是一个星期以后了。那天晚上，他一个人在戈壁滩上坐了很久，心，也像戈壁滩一样空旷、凄凉。面对家乡的方向，于本水遥祝母亲一路走好。

一个月后，靶场试验才结束，于本水回到北京，带着大女儿，赶往九台。在父母的坟前，他再也控制不住自己压抑已久的情绪，放声痛哭。男儿有泪不轻弹，只因未到伤心处。想起父母的一生，在那么艰难的条件下，吃尽了苦头，

2009年，于木水兄弟姐妹六人合影

把6个儿女养育成人。特别是母亲，把自己的全部都贡献给了这个家。她的心里，只有家人，从来没有她自己。如今，父母这棵大树倒了，树上的鸟儿，各自分飞，演绎着不同的精彩。

5.难忘故乡养育情

读中学时，于本水写过一篇作文，题为《离家还有十八里》。写的是，班上有一个同学生病了，老师让于本水去他家里送信。那个同学家离中学有100里地，于本水步行到那里，然后再回自己家。到达那里时，天已经黑了，他发现这条路正好是过去从学徒工厂回家的路。

老师认为于本水这篇作文写得很有真情实感，于是推荐给“中学生习作园地”发表了。长春市的文库里一直保留着这篇文章。于本水的外甥女上大学时，看到这篇文章，一问，果然是她大舅写的。而他自己，早就忘了这回事。

如今，于本水离家早已不是18里，而是几千里了。几十年的岁月沧桑，无论他走到哪里，家乡的一切早已融入他的血液中。离家越久，他对家乡的感情越深厚。在他心里，从来没有离开过那片养育了他的热土。

“我的家在东北松花江上，那里有森林煤矿，还有那满山遍野的大豆高粱……”这首由张寒晖作于1936年的抗战歌曲《松花江上》，20世纪三四十年代传唱一时，风靡中华大地，唤起了多少东北人民对家乡的思念及热爱之情，激发人们团结一致，抗战到底，收复被占领的国土。

从另一个意义上说，这首歌里描述的“满山遍野的大豆高粱”，就是于本水记忆中的故乡。九台往南是一望无际的平原，是松嫩平原上的好地方，风景优美。过永吉县，到磐石就进长白山区了。在他幼年时代，村子的南边，田野里种的都是大豆、高粱、玉米，还有谷子。而现在，只种玉米，每到夏天，都是一眼望不到头的青纱帐。

距村子西北 20 多里路，有一个大顶子山，并不是太高，海拔在 1000 米左右。再往西，是饮马河。饮马河发源于磐石，经过永吉、九台进入松花江。当地有个石头口门水库，也在饮马河上，现在成了有名的旅游景点。在于本水家的东边是东大河。号称“河”，实际上就是一个大池塘，直径 200 多米。那是他和小伙伴们夏天游泳的地方。再往南走，就到永吉县了。春天的时候，到北山一看，山丹花及各种野花，五彩缤纷，开得满山遍野，令人心旷神怡。大营城子附近有个最高点，叫城子顶。山上有一个高高的木架。小时候，于本水常常望着那个架子猜想：这是做什么用的呢？直到成年以后，他才明白，那是大地测量的标高点。

苦难的童年，磨炼出于本水健壮的身体。30 岁前，于本水没吃过药，只是 1 岁的时候得过一次天花，母亲说他的好身体是天养的，就像东北老百姓俗话说的：“人养人，皮包骨；天养人，胖乎乎。”

到现在为止，除了检查身体外，于本水总共住过三次医院。第一次是 1957 年，在苏联读书的时候，得了阑尾炎，割掉了阑尾。第二次是 1966 年，“文革”开始时，闹了一次痔疮，在航天 721 医院住了一次院。第三次是鼻子长了息肉，在协和医院做了手术。在他看来，这些都无足轻重，切掉的东西反正都是“多余物”。

于本水每次回到家乡，都去看望那里的父老乡亲，看望他读过书的小学和中学，和老同学相聚，沉浸在对往事的美好回忆中。他还与在校的中小学生畅谈，传授学习之道。

2006年，于本水在吉林市开会，专门去看望他的小学老师何国才先生。分别数十年，师生之情一如既往。儿时那些天真、纯洁的记忆涌上心头，于本水仿佛回到了从前。何老师教给他的知识，是他成为导弹专家的基础。那篇题为《田野》的课文，仍铭刻在他的脑海中。兴之所至，他背给何老师听：

田野间，
小河流水响淙淙，
群鸟飞来树枝上，
一同歌唱乐非常。
远望前面山岭上，
白云一片懒洋洋。
小牧童在山岗，
割下青草麻袋装，
牛马低头各吃草，
摇着尾巴赶蝇蛇。
田地里，
好风光，
豆荚肥大谷穗长，
高粱苞米都茂盛，
可卜今年贮满仓。

何老师十分惊讶地说："哎呀，这是好多年前我教你的，我都忘了，你还记得啊？"

如同当年为了得到老师奖励的铅笔和本子一样，于本水受到鼓舞，又给何老师背了一课。这一课也很有趣，叫《动物运动会》：

狗兔来找猴先生，
敲门嘭嘭嘭，
惊动猴太太，
急忙去欢迎，
喝茶吃水果，
让进待客厅，
兔君提起运动会，
猴君很赞成，
黄狗摇头道：
人少哪能行?
你到山野我下乡，
找些好亲朋，
村庄山洞外，
聚会闹哄哄，
一声枪响齐出发，
各个跑如飞，
小鸟齐奏乐，
大象来助威，
鹿兔跳栏很轻快，
猫狗紧紧追，
老牛虽落后，
雄心仍未灰，

2006年，于本水（左）和小学老师何国才先生（右）合影

……

于本水就是这样，脑海里留下的，都是有趣、美好的记忆。他的很多高中同学都在各自岗位上做出了不俗的成绩。蔡鹤皋院士是长春市第一高中除于本水之外的另一位院士，哈尔滨工业大学机器人团队的带头人，他的字写得很秀丽，在高中时就把墙报办得很漂亮。他在九台中学时期的学弟贲德在一个雷达研究所工作，2001年当选为中国工程院院士。班长王俊义和女同学赵焕琴后来成了夫妻。王俊义学了文科，曾在中国驻苏联大使馆当过一等秘书。赵焕琴成为北京宣武医院的皮肤科主任。在高中阶段，他们俩在班上坐邻座，得地利之便，接触时间长了，彼此互生好感，属于“早恋”。于本水“明察秋毫”，看出了他们之间的动向，还曾说：“应当把他们的座位分开，他们上课时老做小动作。”多年后同学们聚会，王俊义说起这件事，大家乐不可支。

6. 出钱出力改善家乡教育条件

1998年，于本水的初中母校九台市第一中学60周年校庆，他应邀回到母校。

九台地区属于文化比较发达的地区。在旧中国，县里很少有中学，而九台一中1938年就成立了，1960年与1978年，先后两次被省教育部门确定为重点中学，2005年2月，被吉林省教育厅确定为省级示范性高中，成为全省首批示范性中学之一。建校60多年来，九台一中共向清华大学、北京大学等各级各类高等院校输送毕业生两万多人，除于本水外，还有中国工程院院士、雷达专家

2003年，于本水（前排左三）和九台市领导及母校老师合影（前排左四为于本水的中学体育老师尹冠一先生）

责德，中国空间技术研究院高级工程师、“嫦娥一号”卫星定向天线分系统主任设计师孙大媛等优秀人才。

这是这所学校引以为豪的。学校走廊的墙上，展示着他们的照片和他们的简要事迹，用以激励学生们勤奋学习，奋发向上。

1999 年，于本水和朱小泉来到大营城子村。这是朱小泉第一次到“婆家”。来到曾经就读的小学，看到学生和老师的桌椅破烂不堪，于本水心中不免一阵难过。他和朱小泉商量后，慷慨地捐出 2 万元，为 100 多名师生换上了新桌椅。

2008 年，九台一中 70 周年校庆时，于本水院士再次受邀参加校庆。他给全校师生做了《我国航天事业的发展和自己成长过程》的报告，引起极大反响。报告结束后，孩子们围着他，争先恐后地发问：“于爷爷，卫星为什么能上天哪？”

望着孩子们那一张张稚嫩的脸庞，以及充满好奇的眼神，于本水感慨万千，思绪穿越时空，回到了纯真的童年时代。

那个时候，日本的飞机经常在天上飞来飞去，还时常进行轰炸。小伙伴们在野外玩耍时，见到飞机在天上飞，便仰起头望着天空，猜测这个东西到底有多大？飞机后部有个垂直尾翼，这是干嘛的呢？大家猜啊猜，想破了头皮也没有结果。有个小伙伴信心十足地说：“我猜，那是个烟囱，烧火的。”

1942 年，上小学二年级的时候，于本水真的第一次看见了飞机。有一次，一架日本飞机从长春飞往吉林，由于迷失方向，燃油耗尽，就迫降在离于本水家两三里路的地方。那是一个秋天，地里的庄稼都收割完了。

飞机降落后，变成了一景，周围的老百姓都纷纷跑去看新鲜。大家都是第一次看见飞机，啊，原来飞机这么大。于本水捡了几块飞机上被撞掉的有机玻璃残片，放到头发上蹭蹭，还可以粘纸片呢，真神奇！后来，他才知道，这是摩擦产生静电的缘故。

其实，从这个时候开始，对航空的兴趣，已悄悄地在于本水内心深处埋下了。如今，看到孩子们聚精会神地听着自己所做的报告，眼神里充满着对未来的好奇，他觉得，这就是科学的种子，在孩子们的心灵里发芽了。

于本水用通俗、浅白的语言，给学生们讲解了卫星、导弹的基本原理。他相信，长江后浪推前浪，在这个经济社会飞速发展的时代，国家的富强和人民的富足，为孩子们的健康成长提供了良好基础。随着他们的渐渐长大，一定会涌现出更多优秀的人才，成为建设国家的新生力量。他为中国航天事业后继有人而深感欣慰。

离开九台后，于本水再次前往大营城子去看望故乡和小学母校。临行前，他花了几千元钱，购买了篮球、排球、文具等用品赠送给母校。乘车在水泥公路上奔驰时，于本水不由得回想起上中学时，自己背着行李，走过的那些高低不平的路。他感慨万分：真是今非昔比呀！九台完成的“村村通”工程，为老百姓做了一件实事和好事；自己在这里受到的初等教育和中等教育，为一生从事尖端科学研究打下了良好的基础。

然而，当他来到第一母校大营城子小学时，像被兜头浇了一盆凉水，心中的喜悦顿时化为乌有。于本水看到，校舍破旧，不少窗户玻璃已经破碎，教室里的天花板大部分已脱落，老师和学生在危房中上课，课桌椅还是他 9 年前那次来时捐 2 万元购置的，有的已经损坏。

更让他感到心情沉重的是，校长告诉他，大营城子小学可能要撤销，合并到三道岭小学。

于本水从校长那里得知，在这所小学上学的孩子来自南小营城子、西小营城子和大营城子 3 个村落，南小营城子距三道岭 8 里，七八岁的孩子每天上学，来回要走 16 里。这段路程对幼小的孩子来说，实在是太远了，如碰上阴雨天和下雪天，就更为困难。有人提议，可用校车接送。但当地农民的生活还处于十分困难的境地，拿出这笔钱来也有难度。如此下去，可能导致部分儿童失学。这将是多么可怕的后果。

从历史上说，大营城子小学是当地办学时间最长的小学。有资料显示，它建于 1928 年，已有 80 年历史，从这里走出了不少人才，为九台地区建设、为吉林省甚至国家的强盛，都做出了贡献。

“40 年代初我读小学时，周围 10 余个屯的孩子都来这里上学。当时只有一位老师和一间教室，这位老师教 1 ~ 4 年级的学生，在那么困难的条件下，学校还是坚持办下来了。一所历史悠久的学校是一种‘品牌’。”

想到这里，于本水找出纸笔，“作为一个从这里走出去并热爱家乡的 74 岁老人”，给当地领导写了一封信，建议这所小学不要撤销，而应保持和加强；学校位置应方便适龄儿童上学，采取合适的办法提高教学质量。

这封言辞恳切的建议信，引起了当地领导的重视，被批转给教育局，最后拨出经费重建校舍，并保留了下来。

7. 捐资改善乡亲们的吃水条件

于本水兄弟姐妹六人，大多生活在北京、长春、九台，只有一个妹妹一直住在家乡大营城子村。这个妹妹成为于本水与家乡联系的纽带。

有一年，妹妹到北京探望于本水。闲聊中，于本水得知，村里乡亲们的饮用水一直都是各家自己打的井，是地表水。但这些年来，由于化肥和农药的过度使用，农田和土壤受到污染。

为了改善村民的饮水质量和身体健康，2011 年，九台市在当地打了 100 多米深的深水井。如果要将深井水引入家庭，每户需要交纳 650 元的安装费。

于本水当年在干校劳动时，参与过打井，深知打井的要领以及深井水对人体健康的重要性。然而，他也清楚地知道，当地村民生活条件的困难以及经济条件的窘迫，这 650 元，也不是小数目。三分之二的农户都表示，拿出这笔钱很困难。连于本水妹妹也不想交钱。

和很多乡村一样，大营城子村至今还是一个没有脱贫的村庄，村民们靠着几亩地，面朝黄土背朝天，春种秋收，胼手砥足，一年下来也不过收入几千元钱，温饱可以解决，但生活质量总是难以提高。年轻人耐不住寂寞，纷纷到城里打工，留守的多是老人、儿童。

于本水看到了改革开放以后村里发生的变化，老百姓吃穿不愁了，村里通了电，装上了电话，甚至村民们也用上了手机，但与此同时，文明程度停滞不前，哪里想得到清洁、卫生的饮用水，对人身体的重要性呢？

痛惜之余，于本水想到自己来帮助乡亲们解决这个问题。他算了一笔账，全村 70 多户，总共需要 5 万元。“我来交吧！”他告诉妹妹，并立即将这笔钱寄到家乡去，让全村的乡亲们第一次用上了自来水。

2013 年，于本水时隔 5 年再次回到老家，村支书专门找到他，并代表全村乡亲，表达感激之情。当他得知周围另外两个自然村还因为经济困难没有装上自来水时，又毫不犹豫，当即捐了 4 万元。

自 1999 年起，于本水共计捐款 11 万多元，用于改善家乡小学的办学条件，帮助全村 2000 人安装了自来水，使村民们吃上了深井水。

“于教授真没忘了咱家乡人哪。”村民给于本水写来感谢信，对他给予的无私帮助深表谢意。村民们异口同声地说，真是翻身不忘共产党，吃水不忘捐资人。

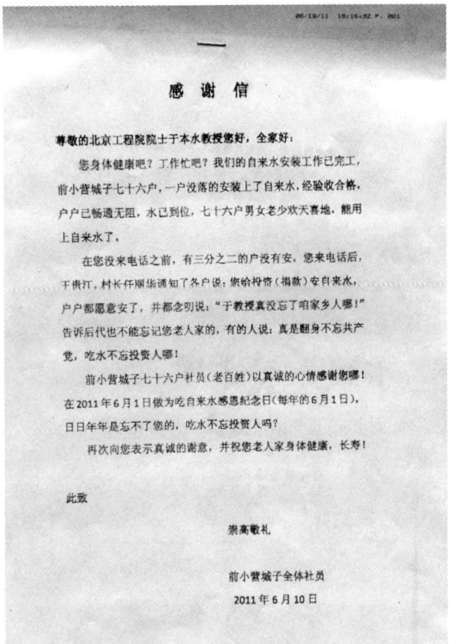

06/19/11 10:15:32 P. 001

—

感谢信

尊敬的北京工程院院士于本水教授您好，全家好：

您身体健康吧？工作忙吧？我们的自来水安装工作已完工，前小营城子七十六户，一户没落的安装上了自来水，经验收合格，户户已畅通无阻，水已到位，七十六户男女老少欢天喜地，能用上自来水了。

在您没来电话之前，有三分之二的户没有安，您来电话后，于贵江，村长任丽华通知了各户说：您给投资（捐款）安自来水，户户都愿意安了，并都念叨说："于教授真没忘了咱家乡人哪！"告诉后代也不能忘记您老人家的，有的人说：真是翻身不忘共产党，吃水不忘投资人哪！

前小营城子七十六户社员（老百姓）以真诚的心情感谢您哪！在2011年6月1日做为吃自来水感恩纪念日（每年的6月1日），日日年年是忘不了您的，吃水不忘投资人吗？

再次向您表示真诚的谢意，并祝您老人家身体健康，长寿！

此致

崇高敬礼

前小营城子全体社员

2011年6月10日

来自于本水家乡的感谢信

2014年5月27日，于本水办公室迎来了一位特殊的客人——吉林省九台市波尼河镇大营城子村党支部书记任丽华。受全体村民委托，为感谢于本水多年来捐助家乡的教育事业，解决百姓的吃水难题，她专程来京，送来一面红色锦旗和一封感谢信。

二部党委书记罗霄高度赞扬了于本水为家乡捐助的高尚行为，并希望大力弘扬和继续传承。他祝愿于本水的家乡建设、乡村小学教育和村民生活条件都得到更好的改善。任丽华表示，要教育村里的年轻人，努力学习，像于院士那样，多为国家做贡献。

对此，于本水十分淡然。他要的不是感谢，而是父老乡亲们健康、快乐地生活。

8. 爱读书，喜欢接受新鲜事物

于本水从小就酷爱读书，读书读得着迷，常常因为看书忘记吃饭。他认为，读书，为他一生从事尖端科研工作打下了坚实的基础。

更重要的是，爱看书，成了于本水保持一生的习惯。在中学时，他就一直坚持看课外书。在九台上初中时，遇周末就到书店看一天书。高中时，学校对

2014年，大营城子村党支部书记任丽华（左）给于本水院士（中）赠送锦旗（右为二部党委书记罗霄）

面就是长春市图书馆。他从宿舍走到图书馆，只需10分钟。每个周末，他都要去图书馆看书。在苏联留学时，他发现，乘坐地铁的人，人手一本书，大家静静地读着，车厢里听不到喧哗的声音。这种读书的风气给他留下了很深的印象，并加以效仿。

直到现在，在繁忙的工作之余，于本水始终没有改变读书的习惯。读书，对他学习的深度和广度起到了非常重要的作用。他认为，人的智慧要从读书中汲取。他特别崇尚读经典，古典名著《三国演义》《红楼梦》《西游记》等，已记不清看了多少遍。

20世纪90年代以后，苏联时期发展的尖端技术开始解密。于本水阅读了俄文版切尔道克关于苏联发展火箭技术和航天技术的4卷回忆录、别尔诺夫关于反导技术的回忆录以及有关防空反导总设计师格鲁申院士的回忆录，反复研究了他们的成功与失败教训，从中得到了不少启发。

有调查显示，以色列是世界上阅读量最大的国家，每年人均读书十几本，而中国每年人均读书才零点几本。对这一现象，于本水表示忧虑。他尤其希望年轻人多读书、读好书，不能过于浮躁，沉迷于手机上的碎片化阅读。

虽然已年过八旬，于本水对新生事物仍然保持着浓厚的兴趣。2013年年初，儿子于明从加拿大回来，带给他一种新鲜的通信手段：微信。于明是计算机方面的专家，对这个行业的发展趋势十分熟悉。在儿子手把手的教导下，于本水领略到了其中的新奇和便利，很快便接受了，闲暇时还自己琢磨。他的微信名是“泉水”，一看就知，这是取了他和夫人朱小泉名字中的各一个字。从这一点上，也折射出他们两人的伉俪情深。

于本水认为，微信不只是一种娱乐手段，还是一种学习渠道，可以学到一些知识。看到有意思的内容，他还会转发给朋友们。

2014 年春，于本水在宿舍院子里偶然看到一种不知名的小花盛开得很美。于是，他拿起手机，拍下了这一美景。看着这一“得意之作”，他领悟到，有时候，小花比大花还要漂亮，就如同社会一样，那些默默无闻的小人物，往往能显示出崇高的品德。

于是，于本水把这一感想连同小花的照片发到朋友圈里：“花虽小而精美，人虽微而品高。”朋友们纷纷点“赞”。

当然，于本水对自己的导弹事业更为投入，他对此倾注了全部热情。只要一谈起导弹，他总是眉飞色舞，滔滔不绝。他的办公桌上有一只地球仪，里面有一个小灯，一按开关，能把整个地球仪照亮。

有一天，于本水的学生小张好奇地问：“地球仪跟研究导弹有关系吗？”

“当然有啊。我考考你：假如 A 国的战略导弹要打到中国，应该从哪个方向来？”于本水问。

“东边。”小张不假思索地回答。

“错，是从北边。”于本水指着地球仪说，“发射点和落点，加上地球的质心，三点才能构成一个面。”通过这样形象化的解释，小张豁然开朗。

于本水认为，研究导弹，空间概念一定要清楚。所以他在给学生讲导弹轨迹时，总是讲得立体化、形象化，这样才能让他们印象深刻。这又一次证明，除了导弹研制，他在教学方面也是独树一帜。

2014 年 4 月 30 日，于本水院士从事航天事业 55 周年座谈会在北京举行。

中国工程院、中国航天科工集团公司、中国航天二院以及二院二部，都发来贺信，对于本水院士55年来在科研一线从事导弹研制工作，为中国航天事业发展、为中国国防现代化建设做出的卓越贡献，表示衷心的感谢和诚挚的敬意，并称赞于本水院士热爱祖国、尊重科学、敬业奉献，是中国科技界的楷模和学习的榜样。

神采奕奕的于本水携夫人盛装出席了座谈会，和曾经共事过的老领导、老

于本水（中）和二院院长符志民（左）、党委书记张连成（右）合影

于本水（中）和二部主任张兆勇（右）、党委书记罗霄（左）合影

于本水院士（中）和参加座谈会的军队专家合影

专家、老同事，一起回忆当年在航天型号研制一线开展科研攻关的峥嵘岁月，为 55 年来中国航天事业走过的艰难曲折的道路以及所取得的辉煌成就而感到骄傲与自豪。

巧合的是，座谈会举行的第二天，就是于本水 80 岁生日。他特意穿了一件红色上衣，尤显精神矍铄。老朋友们纷纷围拢他，赞佩他仍然挺拔的身板、声如洪钟的嗓音、爽朗开怀的笑声。他就像一块磁石，强大的磁场总是把人们吸引到他的周围。他哪里像 80 岁的老人啊？这不由得让人想起一首老歌里唱到的："革命人永远是年轻，它好比大松树冬夏常青……"于本水幽默地对大家说："从明天起，我就成了'80 后'了。"这是他一贯睿智幽默的风格，引发了全场会心的欢笑和掌声。

于本水接着对大家表示，从 1960 年从苏联留学回国走上航天道路，55 年来，如果说做了一些事，那都是大家共同努力的结果。20 世纪 50 年代，党和国家在国民经济困难、工业基础薄弱、科技水平低下的情况下，作出发展尖端武器的重大决策，显示了中央领导高瞻远瞩的战略眼光。这些年来，为了这个共同的目标，各级领导倾力支持，科研团队同心协力，让我们走在了世界航天领域的前列。

"我虽已 80 高龄，除了一'高'（高血压）一'低'（甲状腺功能低），头脑还清醒，腿脚还利索。今后，我还要继续为中国航天事业的发展而努力工作，多做贡献，为探索、开辟一条适合中国国情的导弹技术发展道路而奋斗终身。”听完于本水这一番发自肺腑的表白，大家发出会心的微笑，随即爆发出热烈的掌声。

“莫道桑榆晚，为霞尚满天。”再远的路，只要迈开步子向前走，就一定能够到达终点。对于本水来说，80年的岁月，只是生命中的一个阶段。从现在开始，这个“80后”，又继续向着新的目标，进发！

中国工程院院长周济为于本水院士八十华诞发来贺信

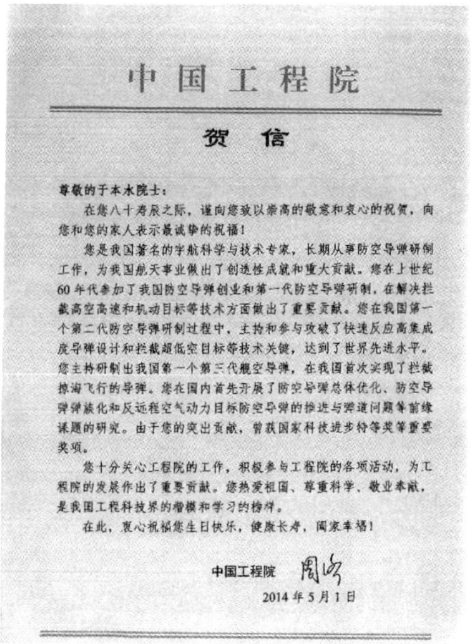

中国工程院

贺信

尊敬的于本水院士：

在您八十寿辰之际，谨向您致以崇高的敬意和衷心的祝贺，向您和您的家人表示最诚挚的祝福！

您是我国著名的宇航科学与技术专家，长期从事防空导弹研制工作，为我国航天事业做出了创造性成就和重大贡献。您在上世纪60年代参加了我国防空导弹创业和第一代防空导弹研制，在解决拦截高空高速和机动目标等技术方面做出了重要贡献。您在我国第一个第二代防空导弹研制过程中，主持和参与攻破了快速反应高集成度导弹设计和拦截超低空目标等技术关键，达到了世界先进水平。您主持研制出我国第一个第三代舰空导弹，在我国首次实现了拦截掠海飞行的导弹。您在国内首先开展了防空导弹总体优化、防空导弹弹族化和反远程空气动力目标防空导弹的推进与弹道问题等前缘课题的研究。由于您的突出贡献，曾获国家科技进步特等奖等重要奖项。

您十分关心工程院的工作，积极参与工程院的各项活动，为工程院的发展作出了重要贡献。您热爱祖国、尊重科学、敬业奉献，是我国工程科技界的楷模和学习的榜样。

在此，衷心祝福您生日快乐，健康长寿，阖家幸福！

中国工程院 周济

2014年5月1日

中国工程院副院长潘云鹤院士为于本水院士八十华诞题词

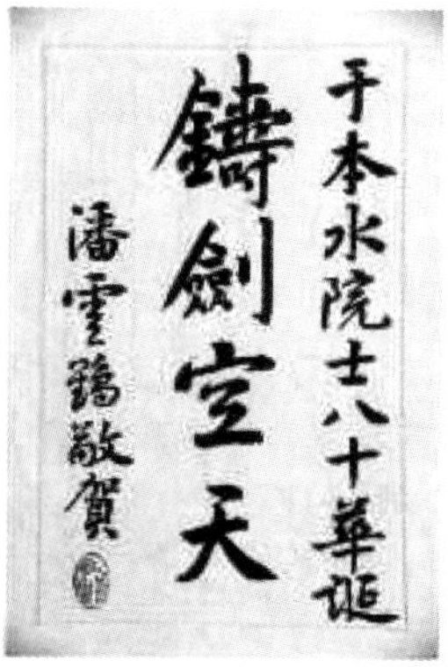

于本水大事年表

1934 年

5 月 1 日，出生于吉林省九台县大营城子一个贫苦农民家庭。童年开始参加劳动，6 岁时雇给房东放猪。

1941 年　7 岁

入吉林省九台县大营城子小学读书。放学后和星期日参加各种劳动。1944 年因成绩优秀由小学三年级跳级升入五年级。

1945 年　11 岁

因家贫失学。11 岁至 13 岁做徒工。

1947 年　13 岁

13 岁至 14 岁，参加土地改革，担任儿童团团长和土改工作队队员。

1948 年　14 岁

考入吉林九台中学（现九台市第一中学）。

1949 年　15 岁

加入中国新民主主义青年团，被选为团支部书记和总支委员。

1951 年　17 岁

升入吉林省长春高中（现长春市实验中学）学习。在高中阶段担任过学生会学习部部长、团委委员和团委学习部部长。

1953 年　19 岁

7 月 3 日，加入中国共产党。

1954年　20岁

高中毕业。被选为留苏预备生，入北京俄文专修学校（1955年改为北京俄语学院）留苏预备部学习。

1955年　21岁

北京俄语学院留苏预备部毕业。9月，到苏联莫斯科航空学院一系飞机设计专业学习。

1957年　23岁

于本水等一批中国学生由莫斯科航空学院飞机专业转为导弹专业。和王永志、王晋华开始翻译《喷气式飞机》一书。

1958年　24岁

暑假在莫斯科30厂(飞机制造厂)实习。在学校实验课上开始接触P-1、P-2地地弹道导弹，205、Shab地空导弹，K-5M空空导弹和苏卡巡航导弹等。

1959年　25岁

进行专业课学习。《喷气式飞机》一书由国防工业出版社出版。

1960年　26岁

回国后分配到国防部五院一分院二部总体室工作。参加"红旗一号"防空导弹设计工作。

1961年　27岁

在国防部五院一分院二部工作。担任总体组副组长。到沈阳112厂参加543导弹仿制。担任二部一室下厂工作组组长。和朱小泉完婚。

1962年　28岁

担任二分院二部一室型号总体组组长。儿子于明降生。

1963年　29岁

参加543导弹改进方案论证。参加拦截U-2飞机问题研究（任务代号：临时一号）。主持编写的报告《关于用543导弹攻击U-2型飞机问题》被评为一等报告。年底荣立三等功。

1964年 30岁

参加“红旗二号”和“红旗三号”方案论证。

1965年 31岁

担任二部二室副主任，主管红旗三号导弹研制。担任红旗三号导弹二院驻上海工作组组长。

1966年 32岁

赴某试验基地参加红旗三号模型遥测弹飞行试验，取得圆满成功。和杨安生等同志论证了用小弹翼代替红旗三号大弹翼方案的可行性，经领导批准采用。

1968年 34岁

多次去上海生产厂解决红旗三号导弹研制技术问题。任“红三排”副排长。长女于红降生。

1969年 35岁

任“某工程”总体组负责人之一。

1970年 36岁

参加“某工程”导弹系统方案论证学习班，任领导小组成员。年底调到二院26所，任总体室主任。

1971年 37岁

下放河南正阳“五七干校”。

1972年 38岁

主持“三号任务”论证与设计工作。小女儿于策降生。

1974年　40岁

参加744会议，讨论“三号任务”总体方案。

1975年　41岁

多次去试验基地，参加发射阵地和技术阵地选址工作。

1976年　42岁

参加核试验。研究导弹武器系统在核爆环境下的工作问题。

1978年　44岁

地空导弹“近快战法”、红旗二号导弹、红旗三号导弹获全国科学大会奖。

1979年　45岁

“三号任务”防御武器系统总体方案获国防科工委科技进步奖二等奖。调回二部。

1980年　46岁

任二部一室主任和低空超低空防空导弹主任设计师。国务院科学技术干部局批准授予高级工程师称号。和张百忍、王泽厚译作《系统工程与无人机驾驶飞行器设计》在《系统工程与电子技术》期刊9~12期连载。

1981年　47岁

开展低空超低空防空导弹设计和研制。

1982年　48岁

低空超低空防空导弹模型遥测弹飞行试验成功。开始招收硕士研究生。

1983年　49岁

进行两发发射筒与导弹动态协调试验，担任技术负责人。父亲病故。

1984年　50岁

主持解决独立回路遥测弹“舵振”问题。在某试验基地进行三发独立回路遥测弹飞行试验，担任技术负责人。

1985 年　51 岁

进行闭合回路遥测弹飞行试验，担任导弹技术负责人。

1986 年　52 岁

解决红外引信噪声电平过高和安全引炸装置适时解锁问题。通过柔性滑轨试验验证引信性能。

1987 年　53 岁

被评为研究员。主持完成导弹定型全部地面试验。参加导弹武器系统定型飞行试验，主持导弹技术工作。母亲病故。

1988 年　54 岁

完成低空超低空防空导弹定型工作。获国防科工委“献身国防科技事业”奖章和证书。任巡航战术地地导弹副总设计师，负责武器系统总体和导弹总体工作。低空超低空防空导弹独立回路弹获航天部科技进步奖一等奖。

1989 年　55 岁

和郭春山共同起草“低空超低空防空导弹研制总结”。被航天二院授予“二院新一代知名科技专家”称号，荣立航天部一等功。和张百忍、王厚泽译作《系统工程与无人驾驶飞行器》由宇航出版社出版。被评为航天二院优秀研究生教师。参加巡航战术地地导弹飞行试验。赴美参加 AIAA（美国航天航空学会）会议。

1990 年　56 岁

担任近程舰空导弹系统副总设计师，负责导弹研制。参加固体冲压发动机试验器工作，任技术顾问组组长。

1991 年　57 岁

被航空航天部授予“有突出贡献专家”和“劳动模范”称号。低空超低空防空导弹武器系统获航空航天部科技进步奖一等奖。获国务院“政府特殊津贴”。被任命为 FM-80 近程防空导弹副总设计师。

1992年　58岁

低空超低空防空导弹武器系统获国家科学技术进步奖特等奖。任北京航空航天大学兼职教授。

1993年　59岁

被任命为陆军野战防空导弹武器系统总设计师。获光华科技基金奖一等奖。被二院授予“优秀研究生导师”称号。率团访问俄罗斯“安泰”科研生产联合体、“火炬”设计局和莫斯科航空学院。

1994年　60岁

巡航战术地地导弹武器系统获中国航天工业总公司科技进步奖一等奖，于本水荣立一等功。任博士生导师。获培养人才突出成绩“伯乐奖”。

1995年　61岁

主编的《防空导弹总体设计》一书，由宇航出版社出版。

1996年　62岁

获“中国航天荣誉奖”。进行防空导弹弹族化总体技术研究。

1997年　63岁

主持研究近程舰空导弹定型筹备工作。获“052”工程研制工作贡献二等奖。

1998年　64岁

二部被评为博士点。担任飞行器设计博士点分委会主席。

1999年　65岁

主持研制的低空超低空地空导弹参加国庆50周年阅兵式。担任中国航天机电集团公司第一届科学技术委员会常委。

2000年　66岁

参加在辽东湾进行的近程舰空导弹武器系统定型飞行试验，主持导弹技术工作。

2001 年　67 岁

当选为中国工程院院士。近程舰空导弹获国防科学技术奖一等奖。荣立国防科委一等功。荣立中国航天科工集团公司一等功。近程舰空导弹武器系统定型。

2002 年　68 岁

近程舰空导弹武器系统获国家科学技术进步奖一等奖。任航天二院预先研究咨询论证高级顾问。陆军野战防空导弹武器系统转入工程研制阶段，担任技术顾问。

2003 年　69 岁

在“非典”期间担任某导弹型号专家组组长，带领专家组到沈阳与呼和浩特解决技术问题。担任北京军区军地共育军事人才高级顾问。被国家人事部等五部委聘为“新世纪百千万人才工程国家人选评审委员会委员”。

2004 年　70 岁

被聘为中国航天科工集团公司第二届科学技术委员会顾问。进行空天防御武器远景技术研究。二部被批准设立“航空宇航科学与技术”博士后流动站，任博士后导师。

2005 年　71 岁

荣获中国航天科技高新工程一等功。担任国务院中央军委军工产品定型委员会专家咨询委员会委员。担任国家科学技术进步奖评审专家。

2006 年　72 岁

参加防空防天重大技术问题研究。获航天二院“国外智力引进特殊贡献个人奖”。担任第九届中国青年科学技术奖评审专家。所主编的《防空导弹总体设计》（第二版）出版。

2007 年　73 岁

参加空天防御重大问题研究。被国家人事部等七部委聘为“新世纪百千万人才工程国家人选评审委员会委员”。被中国航天科工集团公司授予“预先研究先进个人”称号。参加中国科技代表团访问俄罗斯活动。

2008年 74岁

参加空天防御重大技术问题研究和有关导弹武器系统研制与试验中重大技术问题讨论。获航天二院二部50周年杰出贡献奖。

2009年 75岁

被聘为中国航天科工集团公司第三届科学技术委员会顾问。参加空天防御重大技术问题研究和在研型号与批产型号出现的重大技术问题研究。担任便携式导弹专家组组长，处理研制试验中出现的重大技术问题。被总装备部聘为国家安全重大基础研究项目专家组副组长和重大专项总体技术专家组成员。主持研制的近程防空导弹改进型和舰空导弹参加国庆60周年阅兵式。

2010年 76岁

被总政治部聘为军队高层次科学创新人才工程培养对象带教导师。

2011年 77岁

参加空天防御重大技术问题研究。主编的《近程舰空导弹设计与试验》一书出版。被聘为北京理工大学飞行器动力学与控制教育部重点实验室学术委员会主任。被聘为中国航天工程科学发展战略研究院学术委员会委员。金婚期间访问加拿大。

2012年 78岁

担任中远程地空导弹故障分析专家组组长。

2013年 79岁

担任中国无人飞行器学会专家委员会高级顾问。担任某导弹型号故障分析专家组组长。

2014年　80岁

被聘为中国航天科工集团公司第四届科学技术委员会顾问。担任第二炮兵装备研究院实验室学术委员会委员。于本水从事航天事业55周年座谈会召开。中国工程院院长周济发来贺电，祝贺于本水院士八十华诞。

后 记

《中国航天院士传记丛书》是在中国航天科技集团公司和中国航天科工集团公司统一组织下编写出版的，航天二院负责《于本水院士传记》等9个分卷的组织编写工作，二院院士传记编审委员会办公室负责传记编撰的具体组织工作。在此，对为保证此书出版而付出辛勤工作的领导和同志们表示衷心的感谢。

本书从策划、采访到完成编写历经两年。在这两年中，我们编撰组对于本水院士进行了多次访谈和深入的接触。于本水院士与编撰组的成员一起，也对自己的人生历程进行了一次次深入的再回顾。童年的贫寒生活、求学时候的艰难和奋斗、参加航天事业创建时的艰辛与执着、二院重返地空战线的欣喜……他用平实的语言、诙谐的小故事，带领我们走进他80年的人生岁月，他为二院的防空导弹事业，倾注了一生的精力，洒下了辛勤的汗水。

在编写本书的过程中，我们一次次受到了洗礼和启迪，被于本水院士渊博的知识和豁达的人生态度所折服。他对此书倾注了大量心血，提供了诸多资料和照片，并亲自与我们一起遴选入册的照片。他还利用工作之余，多次审阅和修改书稿，特别注重对文中历史事实的核实。在成书过程中，他表示，对于与他共同奋斗过的战友们，要在书中体现他们做出的重要贡献。他认为，航天事业是一项大的系统工程，所取得的每一点成绩都是几代航天人共同努力、奋斗的结果。因而，《于本水院士传记》既是于本水院士人生和事业的成长史，也反映出二院导弹武器事业发展的辉煌历程。

在本书的策划、采访、写作及出版过程中，得到了中国航天科工集团二院第二总体设计部领导和科技委领导的鼎力支持。在此感谢二部党委书记罗霄，他高度重视本书的编写工作，多次参加传稿的审查，并提出了很多中肯的修改意见。感谢二部科技委领导为传记主执笔人提供了专业技术的讲解，对撰写工作的组织和传稿内容提出了建议。

感谢于本水院士的老战友和老同事：杨存富、马翰秋、徐兆林、叶权达、王长青、邢士琴、王少秀、刘唯敏、吴殿迎、侯萍梅等，通过对他们的采访，获得了很多宝贵的素材。

感谢二院原党委副书记孙庚臣、二部原党委书记杨双增、二部原主任孙连举、二部原副主任郑永澄、二部原党委副书记朱忠元等领导，他们为本书提供了很多历史素材，并对传稿史实的准确性进行了把关。

感谢二院科技委和二部科技委的专家，对传稿涉及技术内容的章节进行审查、把关、指导。

感谢《新宇报》原总编石玉峰、王丽娜两位专家对传记稿件的多次细心审查、指导和把关。

本书的第一章、第二章、第三章、第七章、第十一章部分内容、第十三章由陶社兰编写；第四章、第五章、第六章、第八章、第九章、第十章、第十一章部分内容、第十二章由王雨培编写，王雨培还负责全书的统稿、修改和定稿；刘德忠、陈辉、张弢、钟凌伟、廖国兵、王冬、刘旭完成了大量采访和文字整理；二院院士传记编审委员会办公室成员马丽丽、二部科技委办公室张仕禄、李一繁负责组织采访、编写及内容审查等具体工作；中国宇航出版社张铁钧副社长对全书的文字进行了审阅和修改；中国宇航出版社黄莘编辑为本书出版付出辛勤劳动。

由于部分内容保密、编撰人员写作水平有限，书稿难免有疏漏和不足之处，敬请广大读者批评指正。

《于本水院士传记》编撰组

2015年1月